Smile, please

smile 179

漫畫行為經濟學
不理性錯了嗎？

作者：佐藤雅彥、菅俊一
漫畫：高橋秀明
譯者：葉廷昭
責任編輯：陳柔君
美術設計：林育鋒
排版：簡單瑛設

出版者：大塊文化出版股份有限公司
www.locuspublishing.com
1055022 台北市南京東路四段25號11樓
讀者服務專線：0800-006-689
TEL：（02）8712-3898　FAX：（02）8712-3897
郵撥帳號：1895-5675　戶名：大塊文化出版股份有限公司

法律顧問：董安丹律師、顧慕堯律師
版權所有 翻印必究

KODO KEIZAIGAKU MANGA HENTEKONOMICS
© 2017 MASAHIKO SATO, SYUNICHI SUGE, SHUMEI TAKAHASHI
Originally published in Japan in 2019 by MAGAZINE HOUSE CO., LTD., TOKYO
Traditional Chinese translation rights arranged with MAGAZINE HOUSE CO.,LTD., TOKYO, through
HON NO KIZUNA, TOKYO, and BARDON CHINESE MEDIA AGENCY TAIPEI
All rights reserved

總經銷：大和書報圖書股份有限公司
地址：新北市新莊區五工五路2號
TEL：（02）8990-2588

初版一刷　2022年3月
定價：新台幣320元
ISBN：978-626-7118-04-7
Printed in Taiwan

影響我們掏錢的關鍵是什麼？
是價格便宜？還是品質精良？
其實，這些合乎邏輯的因素，無法真的影響人類決策，
這當中牽涉到更人性化、更深奧的原理。
本書將以寓教於樂的漫畫形式，
為大家打開行為經濟學的大門。

漫畫行為經濟學

不理性錯了嗎？

原作 佐藤雅彥 菅俊一

繪 高橋秀明

譯 葉廷昭

漫畫行為經濟學

不理性錯了嗎？／目次

第1話「圍牆上的塗鴉」篇——削弱效應 拿到酬勞反而失去熱忱 9
第2話「削價競爭」篇——敏感度遞減 整體數值會影響價值判斷 15
第3話「押野超市」篇——框架效應 框架會影響價值 21
第4話「保母的好主意」篇——撐起社會運作的是道德還是金錢 罰金反而會減輕罪惡感 27
第5話「內心的算盤」篇——心理帳戶 人心會計算金錢的價值 33
第6話「背叛的經驗」篇——錨定效應 基準不同會影響判斷力 39

第7話「　　」篇
——**代表性捷思**
我們都被刻板印象束縛了 45

第8話「喜歡卻沒辦法購買」篇
——**誘餌效應**
有了選擇，大家才肯接受 51

第9話「算命仙的建議」篇
——**時近效應**
結果好就夠了 57

第10話「紅磚餐廳的新菜單」篇
——**極端趨避**
習慣選擇中庸的選項 63

第11話「棒球社的夏季訓練營」篇
——**稟賦效應**
不想放棄已經到手的東西 69

第12話「青春期的約會」篇
——**促發效應**
事先接收到的資訊會影響詮釋法 75

第13話「槍神的懊悔」篇
——**月暈效應**
判斷事物只看顯著的特徵 81

第14話「每週給70顆橡實」篇
——漸進偏好
喜歡漸進式的改善方式 87

第15話「魔鬼隊長的策略」篇
——目標漸進效應
愈接近目標，做事就愈有幹勁 93

第16話「和長度有關的認知測驗」篇
——從眾行為
團體判斷會影響個人判斷 99

第17話「狐狸與葡萄」篇
——消除認知失調
替不滿的情緒找到宣洩管道 105

第18話「壓歲錢心臟病」篇
——損失規避法則
討厭顯而易見的損失 111

第19話「最高檔的便當」篇
——參照依賴
受到參考基準影響，改變價值判斷 117

第20話「漢字隨堂考」篇
——錯誤相關
誤以為無關的兩件事物互有關聯 124

第21話「免費誘惑大作戰」篇
——偏好逆轉
「免費」會影響我們的判斷力 129

第22話「加入秘傳醬汁的特製拉麵」篇
——安慰劑效應
信以為真的力量會改變認知 135

第23話「心理的距離感」篇
——雙曲折現
離自己很遙遠的事，感覺不出差異 141

摘文 發現！這其中也有「不理性錯了嗎？」 14 20 26 38 50 62 74 104 110 116 140

1格漫畫 不理性漫畫 32 56 68 80 92 98

5格漫畫 不理性漫畫 44 122 123

6格漫畫 不理性漫畫 86 134

解說 其他還有更多的行為經濟學 146

參考文獻 152

後記 佐藤雅彥 154

本書的閱讀方式

《漫畫行為經濟學　不理性錯了嗎？》中的每一個主題，都有一部完整的短篇漫畫（外加解說）。全書共有23篇漫畫，每一篇漫畫後面，還有深入探討主題的摘文，或是介紹經濟學的四格漫畫。

基本上要怎麼閱讀都可以，

不過建議按照三位作者推薦的方式閱讀。

佐藤式

各位可以先看23篇行為經濟學漫畫（外加解說），以及後面的四格漫畫。等全部看完後，再靜下心來詳讀「發現！這其中也有『不理性錯了嗎？』」的文字。

菅式

基本上，先看23篇行為經濟學漫畫（外加解說）和後面的四格漫畫。過程中有碰到感興趣的文字，再詳細閱讀就好。

高橋式

請按照順序閱讀，不要跳章節看。

——那麼，請先從左邊的第一話看起吧。

第1話　「圍牆上的塗鴉」篇

——削弱效應

一般來說，酬勞會刺激我們做事的幹勁。不過，人類是一種很奇特的動物，有時候酬勞反而會破壞我們的幹勁。本篇漫畫中，老爺爺用了一個出人意料的方法，解決小鬼頭到處塗鴉的困擾。

不理性錯了嗎？
漫畫行為經濟學 第1話「圍牆上的塗鴉」篇
啾
啾
天氣不錯，真是悠閒的好日子。
啊哈哈
哇～
外面在搞什麼啊？
啊，是愛碎碎念的老頭。
滾開！
碎碎念有三（76歲）
來抓我啊！
快跑～
該死的小鬼！
怎麼罵都講不聽。
禿頭老爹
在他家牆上寫他的壞話，心情超爽的。
那傢伙很顧人怨嘛。
下次再被我抓到，絕不輕饒。
刷刷
好！
明天也去塗鴉吧！

碎碎念爺爺，瞧你一臉鬱悶，怎麼啦？
不理性彥（32歲）
喔，不理先生。
禿
其實，事情是這樣的啦……
那還真是頭疼呢。
那幾個小鬼頭，都畫一些低級的玩意……
禿頭老爹
喜歡便便
色老頭
我愈發火他們就畫得愈起勁，有沒有阻止他們的辦法啊……
嗯～
我有一個好主意！
隔天
今天要畫啥好咧？
嘿嘿
今天也在他家圍牆上畫個痛快吧！

小朋友！
哇！
呿！
哇哈哈！
放屁很臭
雞雞
別怕，不用逃。
咦？
醜老太婆
雞雞
以後你們來畫牆壁，我就給你們零用錢。
小孩子嘛，有精神耍寶也是件好事。
咦！
騙人～
醜老太婆
放屁很臭
雞雞
你畫了大便，給你 30 元。
好耶！
多畫一點啊。
給你 15 元。
真的嗎？
拜託明天也要來啊。
明白囉！
色老頭
臭雞雞
隔天
耶～
畫得好啊。
屎尿滿地
再隔天
拉肚子
便便
蟑螂老頭

過了幾天後
不好意思，從今天開始沒錢給你們了。
咦？
我們大便都畫好了耶！
我們都有照你說的，乖乖來惡作劇啊！
我沒錢了嘛。

…之後
喂，還要去碎碎念老頭家塗鴉嗎？
感覺沒那個心情了耶？
去塗鴉他也不會給我們錢了。

真是風和日麗的好天氣啊。

拿到酬勞反而失去熱忱

——削弱效應

一開始小朋友塗鴉純粹是出於好玩，後來老爺爺給他們零用錢，使塗鴉的目的在無形中改變，變成是為了賺錢才去塗鴉。

最後，老爺爺不給零用錢，他們也就不再塗鴉，老爺爺終於可以平靜地生活。

當我們喜歡做一件事情（內在動機），卻因為酬勞（外在動機）而失去幹勁，這種現象就叫「削弱效應」。

所謂的削弱效應，意味著弱化或破壞行事的基礎。

——總之，人類真是不理性的動物。

那位一流人才也很清楚，名譽和酬勞只會影響熱忱。

大聯盟選手鈴木一朗曾經婉拒政府頒發的國民榮譽獎，而且還婉拒了兩次。各位看一下報導就明白了，鈴木一朗本能性地知道，太快享有名譽可能會降低自己的熱忱。

我不需要國民榮譽獎

在西雅圖水手隊效力的鈴木一朗選手，達成了大聯盟當季最高的安打紀錄，細田官房長官八日上午召開記者會，指出鈴木一朗選手婉拒了政府授予的國民榮譽獎。

細田長官表示，政府透過代理人徵詢鈴木一朗選手的意見，而他本人認爲，接受國家表揚的話，可能會降低熱忱（努力的動機）。二〇〇一年鈴木一朗選手剛加入大聯盟，就獲得最佳打者的榮譽。當時政府也有意頒獎，但同樣被婉拒。

二〇〇四年十月八日《讀賣新聞・晚報》

鈴木選手再次婉拒受獎

國民榮譽獎

表示「尚待努力」

鈴木一朗選手（30）刷新了84年來大聯盟當季最多安打的紀錄，而細田博之官房長官八日上午召開記者會，表明鈴木一朗選手婉拒了國民榮譽獎。這已經是鈴木一朗選手第二次婉拒受獎，政府私下徵詢他的意見，他透過代理人回應，自己目前尚待努力，還在力爭上游的階段，獲得國家表揚反而會降低（對棒球的）熱忱。

鈴木一朗選手二〇〇一年加入大聯盟，第一年就拿到MVP（最有價值選手）的殊榮。當時他就表示，希望能在棒球生涯結束的階段再受獎。而對於鈴木一朗選手兩次婉拒受獎，細田長官則表示，鈴木一朗選手有更上一層樓的強烈企圖心，因此這一次也無法答應，但這不代表未來不會受獎。

【中澤雄大】

二〇〇四年十月八日《每日新聞・晚報》

鈴木一朗婉拒國民榮譽獎

「受獎會影響到我打球的熱忱」

細田長官八日上午召開記者會，說明在水手隊效力的鈴木一朗選手（30）婉拒國民榮譽獎的理由。據悉，鈴木一朗選手認爲若現階段接受國民榮譽獎，會影響到打球的熱忱，因此這次也不方便接受。

細田長官並補充道：「鈴木一朗選手未來還是有可能接受這個獎項。」

二〇〇四年十月八日《朝日新聞・晚報》

第2話　「削價競爭」篇——敏感度遞減

在不同的情況下，金錢的價值也會跟著改變。比方說，我們在吃午飯的時候，往往很計較一、二百元的價差；但在買車或買房的時候，就不會重視這些零頭數字。為什麼面對同樣的金額會有不一樣的反應呢？

漫畫行為經濟學 第2話「削價競爭」篇
不理性錯了嗎？
噗咻……
咻……
用了很多年的吹風機，好像壞掉了。
不理性彥
不理性彥的姪女敦子碰巧來找他玩，他就帶著姪女去車站前的安川電器行買吹風機…
今早拿到的傳單
都好便宜喔。
喔！
而且
でんきはYASUKAWA
ここまでやるか
nanoドライヤー
丸さがちがう!!
もっところ
衝擊特価 1,500元
New!!
頭マッサージ
一直很想要的吹風機剛好特價，只賣 1500 元而已。
激安
限定30台 29800円
19800
他們就快到安川電器行了，不過，
就在這時候…！
安川電器行
沒想到，車站另一頭有家BIG無線電器，那裡的員工發了一張傳單給他。
安川電器行
激安 SALE
日本最安 BIG ビッグムセン
TVでおなじみ! nanoなの～♪
nanoドライヤー
限定30台 1,400元
エアコン大寒波 寒いくらい安い!!
なんとビッ
而且…
便宜 100 元…

安川電器行
南口
那一家電器行，
稍微遠一點點。
北口
沒關係吧？
BIG無線
不理性彥決定去另一邊的
BIG 無線電器購買。
啊，有了！
nano
吹風機
只要
1400元
找您
100 元。
不理性彥在車站前的冰淇淋店，用省下的100元買冰淇淋給姪女吃。
客人您的冰淇淋。
好耶～
頂級
冰淇淋
100
真好吃，
賺到了呢～
這下不用擔心
頭髮吹不好了。

隔天，不理性彥打開多年來愛用的音響，準備聆聽古典樂……
喀喀喀
劈啪劈啪
一套音響用了二十年，也算是壽終正寢了。
他突然想到，
昨天安川電器行的傳單背面…
喔喔，果然有啊。
YASUKAWA
やりすぎ ZONY スゴレゾ
なんと 58,500元
まさかの超衝撃特価
ZONY モバイルオーディオ
オトバナナ
他渴望已久的ZONY高級音響正在促銷，只要58500元。
這一天，他同樣帶著姪女一起去買東西。
不過來到安川電器行前面時…
安川電器行
?
BIG無線的員工又在發傳單了。
安川電器行
激安 SALE
BIG 買っちゃえ!! 買っちゃえ!!
ZONYも最安!!
スゴレゾ
58,400元
これが限界だ!!
マジで赤字
安心保証200年
買わんといて〜
便宜100元…
上面的價格又更便宜。
可是……
安川電器行
嗯？

整體數值會影響價值判斷
——敏感度遞減

吹風機要價１４００元，
高級音響要價５８４００元，
兩者同樣便宜１００元，
不理性彥買吹風機的時候，
寧可為了１００元多走一段路；
購買高級音響的時候，
卻直接在附近的商店購買。
換句話說，１５００元便宜１００元，
跟５８５００元便宜１００元，
這兩者在性彥眼中的價值不一樣。

由此可見，整體數值的大小
會影響我們的價值判斷基準，
對相同金額做出不同的價值判斷。
這種心理變化就稱為
「敏感度遞減」。

——總之，
人類真是不理性的動物。

在日本，樂透中大獎的人會拿到一本讀物

名為《中獎後你該讀的書》的書

有些樂透得主拿到彩金以後，完全喪失了對金錢的敏感度，反而毀掉自己的人生。

為了避免中獎者樂極生悲，日本發行樂透的組織會給中獎者一本小冊子，標題叫「中獎後你該讀的書」。意思是中獎以後，有些事情中獎者要先了解，以免喪失金錢觀念，把人生搞得一塌糊塗。

冊子有介紹中獎後必須先做的安排，以及中獎後該保有的心態。例如，彩金要先分成兩個部分，一部分是當下要用的錢，一部分是未來的老本；還有，中獎千萬不要告訴任何人，否則消息很快就會傳出去。這也證明了，大量的金錢會剝奪人類理性的判斷力。

第3話

「押野超市」篇——框架效應

店頭文宣總是寫得很動聽，刺激人們購物的欲望。稍微在字面上動點心思，確實可以大幅增加商品的魅力。這一次，我們來看看某家超市繼承人奮鬥的故事吧。

漫畫行為經濟學 第3話「押野超市」篇
不理性錯了嗎？
呼，這樣就行了。
押野弱彥（23歲）
端架※擺得漂亮，才算是優秀的超市員工啊。
※ 端架＝貨架兩旁的商品陳列架。
ケイコヤ Potato Chips
押野強三
妻子阿米
強美
強江
弱彥
押野強三在40年前創立了押野超市集團。弱彥是強三的兒子，也是未來的當家。今年春天大學畢業後，弱彥進入家族企業，從最基層做起。
SUPER 押野
你搞什麼啊！
押野強三（67歲）
脂肪含量是以往的90%
Healthy Life!!
敲！
傻瓜。
照你這樣寫，好好的商品都賣不出去了！
這數字我也沒亂寫啊。
所以我才說你蠢。
那不然該怎麼寫……
這樣寫！
減少10%？
我會這樣寫。

比以往減少10%脂肪!!
Healthy Life!!
喔!連我都想買了!
敲!
我要你買幹麼!你這樣沒資格繼承我的產業!
好痛
弱彥又被訓了一次。
原來要這樣寫啊。
老爸真厲害,40年社長不是幹假的。
這邊啤酒還沒弄好,換擺啤酒吧。
好好努力幹活。
這次在啤酒販賣區…
好,這樣就搞定。
97% 水分
你又給我亂搞!
現在大家都喜歡酒精減量的啤酒,老爸你這種老古板應該不懂吧。
我不是氣這個!
而是這個!!
喝啤酒也要講究健康,高達97%水分
你這種寫法,到底誰會來買啊!
老爸,這數字沒寫錯啊。
97
蠢貨,你這樣寫人家以為你在賣白開水。
WA TER
不然該怎麼寫?
水 分
這樣寫!!
酒精成分只有3%喝起來健康沒負擔
喔,我都想喝了!
我要你買幹麼!
敲
好痛
弱彥今天又挨了一次揍。

沒想到幾天後，
毫無預警地
強三病倒了！
倒地！
快、快叫救護車啊！
唔～
不理性綜合醫院
喔咿喔咿
好在強三保住了一條小命。
各位家屬，醫生有話要交代。
來、來了。
咚咚
請進。
令尊必須緊急動個手術。
他心臟的狀況這麼差嗎？
醫生，請問這個手術會很危險嗎？
這個嘛～據我的經驗失敗機率是20%左右啦。
20%喔…
死亡率不低耶。

框架會影響價值

——框架效應

弱彥做事總是被父親嫌個半死，但他在故事的最後終於開竅，把「死亡率高達二成」的消息，轉化成「獲救率高達八成」的好消息，成功說服了父親。

像這樣，將同一個訊息用不一樣的方式傳達，會給人截然不同的印象，這就稱為「框架效應」。人類習慣用當下的所見所聞，來做直覺性的判斷。因此，對一件事情的看法會受到提示方法的影響，而且毫無自覺。

——總之，人類真是不理性的動物。

你會買這台販賣機中的飲料嗎？

發現！這其中也有不理性錯了嗎？

這一台販賣機的飲料十分昂貴，隨便一罐可樂、茶水、運動飲料就要500日圓（150元），連小罐的綠茶都要400日圓（120元），到底是怎麼一回事？各位去電影院、遊樂園、海水浴場這一類封閉的娛樂場所，也曾碰過這種坑人的消費經驗吧，那裡的東西會比外面的更貴一點。不過，這一台販賣機的價格太誇張了，**150日圓（45元）的飲料漲到500日圓（150元）**，整整多了三倍以上。如果這種販賣機放在電影院或遊樂園，保證會引起遊客的反彈，影響到遊客前來的意願。

按常理思考，這樣的販賣機不會有銷量的。可是，如果這一台販賣機所在的區域，不在「市區」這個框架裡，而是放在下面的環境框架之下，各位可以接受這價格嗎？

放在富士山頂

沒錯，這張照片裡的販賣機，就放在富士山的山頂。登山客辛苦鞭策自己，一步一步爬上山巔，攻頂後看到一台販賣機，你說他們買不買？想像一下，這時候登山客早已精疲力盡，自備的飲料也喝得差不多了，而眼前出現一台自動販賣機。

富士山頂有自動販賣機，這簡直像是一場及時雨，感激涕零都來不及了對吧。雖然登山客還是會有被坑的感覺，但考慮到飲料的運輸成本，以及機台在自然環境中的維護成本，大多數的登山客應該都會認為這是合理的價格。

改變框架會影響人類的價值觀，連這種小地方都有框架效應。

第4話

「保母的好主意」篇

——撐起社會運作的是道德還是金錢

我們在日常生活中都有遵守社會規範的意願（道德），但在某些意外的情況下，這種意願會蕩然無存。下一個故事中提到的不理性幼兒園，替很多父母照顧他們的小孩，但對於父母來接小孩回家的時間起了爭議。

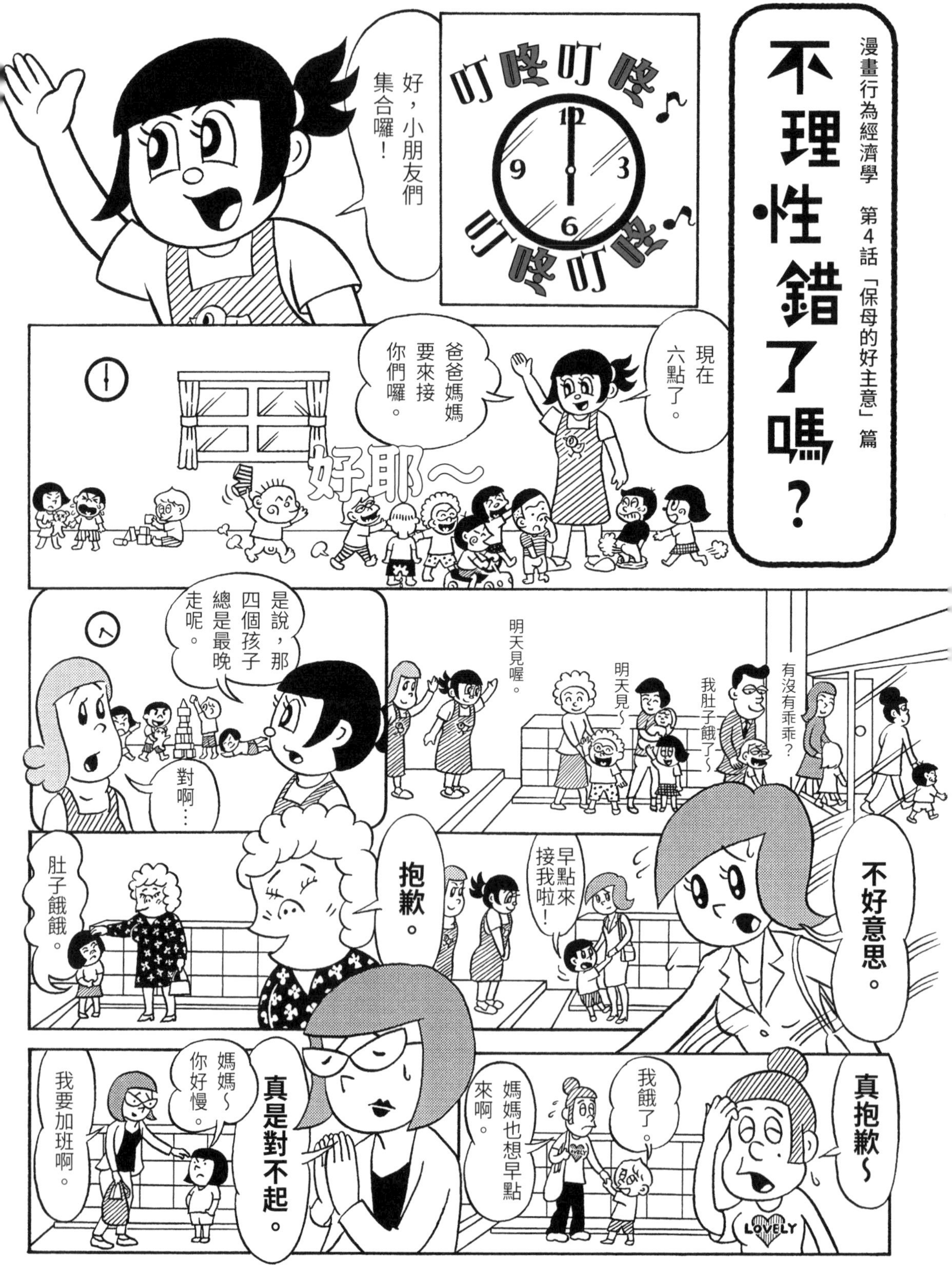
不理性錯了嗎？
漫畫行為經濟學 第4話「保母的好主意」篇
叮咚叮咚♪
叮咚叮咚♪
好，小朋友們集合囉！
現在六點了。
爸爸媽媽要來接你們囉。
好耶～
有沒有乖乖？
我肚子餓了～
明天見～
明天見喔。
是說，那四個孩子總是最晚走呢。
對啊……
不好意思。
早點來接我啦！
抱歉。
肚子餓餓。
真抱歉～
我餓了。
媽媽也想早點來啊。
真是對不起。
媽媽～你好慢。
我要加班啊。

＊滿滿的道歉
スミマセン
這些家長是沒必要對我們道歉啦，可是……
他們每天這樣搞，我們實在很困擾啊。
真累
園長！我們有個好點子！
這樣那幾個孩子的家長，也會準時來接他們了。
本園公告：未來超過六點才來接孩子的家長，必須多支付 150 元的超時費用。
不理性幼兒園
這主意不錯，家長看到通知以後，應該就不敢遲到了吧。
隔天
園長，糟了！
晚來的家長變得比平常還要多！
耶～
愣～住
現在，我們從家長的角度，來看這個問題。
問題
嗯
怎麼會這樣呢？

某位母親的公司
五點囉
下班囉
那我先走了！
妳來一下。
我上午交代的工作，還是請妳今天完成吧。
咦？
不是說可以明天再交的嗎？
只差二、三十分鐘嘛。
幼兒園…
我又遲到了。
隆
不好意思～
另一位母親的狀況
那我先失陪了。
啊，妳先等一下。
抱歉，請妳幫忙處理一下新人出的包好嗎？
咦？
現在？總編妳開玩笑嗎？
又遲到啦～～
衝
真的很抱歉。
有沒有什麼辦法，
可以兼顧，
工作和帶小孩啊？

啊！
啊！
啊！
本園公告：
未來超過六點才來接孩子的家長，必須多支付 150 元的超時費用。
不理性幼兒園
150元⋯
園長，糟了！
晚來的家長變得比平常還要多！

耶～
耶～
耶～
耶～
耶～
耶～
耶～
耶～

罰金反而會減輕罪惡感

——撐起社會運作的是道德還是金錢

幼兒園的老師們
採取超時收費的制度，
來解決家長遲到的問題。
這裡的超時收費，
其實就是變相的罰金制度。

但實行這個制度以後，
家長們卻開始認為，
「反正只要有付錢，
遲到也無所謂」。

換句話說，
在實行罰金制度以前，
家長們多少有點道德良心，
對遲到會覺得愧疚。
但有了「罰金」這項
具體的罰則後，
他們的道德良心
反而蕩然無存。

——總之，
人類真是不理性的動物。

化餅充（動）機

【動機（motivation）】 激勵人類去做某件事情的原因。

第5話

「內心的算盤」篇

——心理帳戶

金錢和物品的價值，會隨著狀況不同而改變。比方說，辛苦存下的30萬元，和買樂透賺來的30萬元，雖然同樣都是30萬元，但意義完全不一樣。本篇的主角時運不濟夫、角田龍之介、津津有味子，也各自碰上了不理性的問題。各位看這三段故事時，請思考一下，如果事情發生在你身上，你又會怎麼想呢？

漫畫行為經濟學 第5話「內心的算盤」篇
不理性錯了嗎？
心理帳戶 案例1
時運不濟夫 不思議公司組長（48歲）
明天一大早就要出差，趁現在先來買票吧。
指定席
カード
紙幣
きっぷ
おつり
請不要忘記拿取您的車票和零錢。
啊，有人忘了拿！
時運不濟夫買好新幹線車票，連拿都沒拿就直接走人了。
問題是，他忘記拿的是 1500 元的車票，還是機器找回來的 1500 元呢？
到了隔天
本故事採用天動說。
時運不濟夫抵達東京車站了。
下一班車十五分鐘以後發車，先去月台吧。
他在驗票口前，拿出外套暗袋裡的錢包……
怎麼沒有！
這時候，他才發現自己昨天粗心大意。
如果他忘記拿的是車票……
那他就要再花1500元，重買一次車票。
如果他忘記拿的是機器找回的1500元……
那他只好放棄那1500元，自認倒楣去出差。
現在，問問大家，
你覺得哪一種情況比較吃虧呢？
（※ 其實仔細想想，兩邊都是損失 1500 元）

心理帳戶 案例2
啊！不理性之森出版了！
讚！
角田龍之介 報社職員（32歲）
注目の新刊!!
結帳！
一共是1050元。
BooK
開開心心
快點回家先睹為快。
BooK
不料…
401 丸井
301 角田
嗯？有包裹。
是什麼？
打開一看，竟然是剛才買過的書。
咦？
看來是以前有交情的編輯送來的禮物。
多了一本啊…
怎麼辦呢…
對了，豪想要有說過，
我好期待《不理性之森》出版喔～
其實我多了一本《不理性之森》，你要嗎？
對！我很想要～
現在，問問大家，
你會給出哪一本書呢？
自己買的書
BooK
編輯送來的書
前輩，真是不好意思啊。

心理帳戶 案例3
津津有味子 OL（23歲）
奇怪？
たい焼 150えん
津津有味子要買鯛魚燒時，發現一件事。
錢包不見了。
她本來在公園的長椅上看書，八成是拿出手機時，
不小心弄掉了…
她記得錢包裡有千元大鈔，
還有折成很小張的百元鈔票…
那一張老舊的百元鈔票，是她小學時，奶奶給她的零用錢。
拿去買文具吧。
過不久奶奶去世了，她一直沒把那張鈔票花掉，就放在錢包裡當護身符……
總之，津津有味子急忙趕回公園……
就是那張長椅！
ベンチ公園
找到了~

現在，**問各位一個問題。**

下列兩種情況，你覺得哪一種比較好？

錢包找到了，但裡面的錢…
緊張…
百元鈔不見了，但千元鈔還在。
千元鈔不見了，但百元鈔還在。
太好了~

人心會計算金錢的價值
——心理帳戶

按照一般經濟學的思維來看，
1500元的車票和
1500元的鈔票是等價的。
自己買的新書跟人家送的新書，價值也一樣。
至於千元大鈔和百元鈔票，
不用說也知道是千元鈔的價值比較高。

不過，各位看了這篇故事，
同樣是損失1500元，
你大概會覺得再買一次車票比較吃虧對吧？
同樣的兩本書，自己買的感覺比較珍貴
（當然，這要看送的人和你的關係如何）。
而故事的最後，各位應該覺得
那一張百元鈔票，比千元大鈔更有價值。

取得一樣東西的方式，還有當下的狀況，
都會在無意間影響我們的價值判斷，
而且這個價值
可能跟原本的金錢價值完全不一樣。
在行為經濟學中，
這種心理現象就稱為「心理帳戶」。

——總之，
人類真是不理性的動物。

錢包中「沒用的五円硬幣」

照片中的五日圓硬幣又稱為「福錢」，日文的「五円」音同「有緣」，因此新年時神社會發給民眾當護身符。據說平常放在錢包裡面，就會帶來財運和好姻緣。

同樣是五日圓硬幣，神社多加一條緞帶發給你，你就會覺得那硬幣有神力的加持。就算你去買東西剛好差五塊錢，也不會把這個福錢拿出來用。

因為福錢對你來說，已經不只有單純的金錢價值了。像這樣的例子，也看得到心理帳戶的影響。

第6話 「背叛的經驗」篇

——錨定效應

故事中的主角中野光，平常都到選物店添購衣物。但這一次他沒去自己喜歡的選物店，而是到另一家商店，購買價格和款式完全一樣的領帶。究竟是為什麼呢……？

漫畫行為經濟學 第6話「背叛的經驗」篇
不理性錯了嗎？
喔，這條領帶不錯。
喜歡選物店的中野光（31歲）上班族
阿光下班後，去逛喜歡的選物店艾伯特，剛好看到一條很棒的領帶。
這家店就是好！
艾伯特是阿光最愛的一家選物店。
可是……
哇！好貴。
要4500元！
去隔壁家看看好了…
隔壁開了另一家選物店吉諾。
難得特別去，卻發現！
南特市
法國
地中海
喔！
有同款的領帶！
另一家店裡，也有賣同款式、同廠商出品的領帶。
阿光緊張地查看標價……
那條領帶比上一家貴上1500元，要價6000元。
不會吧！
這間小破店也太囂張了…
$6,000
不管是，4500元和6000元的領帶，對阿光來說都是沉重的負擔。
$4,500

特價
特價
年終
年終獎金
好在兩家店下星期開始促銷，而且他也拿得到年終獎金……
$4,500
星期一：年
星期二：終
星期三：獎
星期四：金
星期五：終
星期六：於
星期天：到
星期一：手
還有一個星期
終於過完一半了
剩沒幾天了
太棒啦！
一星期後
阿光先去他最愛的選物店……
好耶！
SALE
$4500
$3600
果然從4500元降到3600元了！
便宜了900元！
另一家會不會更便宜……!?
阿光也去另一家看了，沒想到……
這裡的領帶也降到了3600元。
喔喔喔～
便宜了2400元。
SALE
6000
3600
吉諾
從6000元
變3600元
艾伯特
從4500元
變3600元
阿光陷入沉思，
兩邊賣的都是一樣的東西。
最後……阿光竟然在吉諾買領帶，而不是在他喜歡的艾伯特買。
阿光提著吉諾的紙袋回家，一路上他還在思考，如果一開始兩家的價格都一樣，他一定會在艾伯特買……
背叛了自己長年光顧的店舖——
地下鉄
Subway
阿光在搭地下鐵的時候，想起了小時候的回憶。

20年前
中野光　小學五年級
阿光有兩個好朋友，三人總是形影不離。
一起補習
打棒球
玩電動
他們常光顧一家好朋友雜貨店。
Cola Cola
なかよし屋
3485-463X
那家店有扭蛋機
還有烏賊乾
抽獎遊戲
點心糰子
喝涼水♪
彈珠汽水
最好的是，糖果和巧克力定價30元，
老婆婆每次都只賣他們25元。
那是一個有點嘮叨，但善良的老婆婆。
不要亂丟垃圾喔！
正好，那時候車站前開了一家點心專賣店。
confectionery
Sweet Dream
不過……
雖然老婆婆有點嘮叨。
對啊。
但還是老婆婆的店比較好。
每一樣糖果和巧克力，都只賣25元耶！
難說的是，立刻遇到有一天……
富山縣
南砺市
今天車站前的Sweet Dream，巧克力賣25元耶!!
走吧走吧！
什麼!?
三人半信半疑，
Sweet Dream
進到那一家時髦的店舖。
信
疑
結果看到……
Special Thanks Week
25元
25元
25元
跟老婆婆賣的一樣嘛……
啊～

基準不同會影響判斷力

——錨定效應

艾伯特的領帶從４５００元降到３６００元，
吉諾從６０００元降到３６００元，
結果阿光竟然沒有在自己最喜歡的店舖購買領帶。

同樣地，老婆婆賣他們零嘴總是只賣25元，
高級點心店的巧克力降價後也是25元，
讓小時候的阿光認為
去高級點心店買有賺到的感覺。

我們面對同樣價格的同款商品，
會用某項資訊來當判斷基準，
而這個基準會影響我們對商品價值的看法。

這種非理性的判斷方式，
在行為經濟學中稱為「錨定效應」，
也就是把判斷的基準比喻為錨。

本篇中，「平時的價格」就是錨。
所以就算兩邊的商品價格一樣，
以高價販售的店舖因為打折的幅度比較大，
會讓消費者有賺到的感覺。

——總之，
人類真是不理性的動物。

文豪狸貓的錨定效應

同樣是3天交稿，評價卻完全不一樣。

第7話 「　　　　」篇

——代表性捷思

接下來，我們看一篇只有文字的漫畫。沒有圖畫，只靠有限的文字訊息，各位會看到什麼樣的故事呢？請先看下去吧。

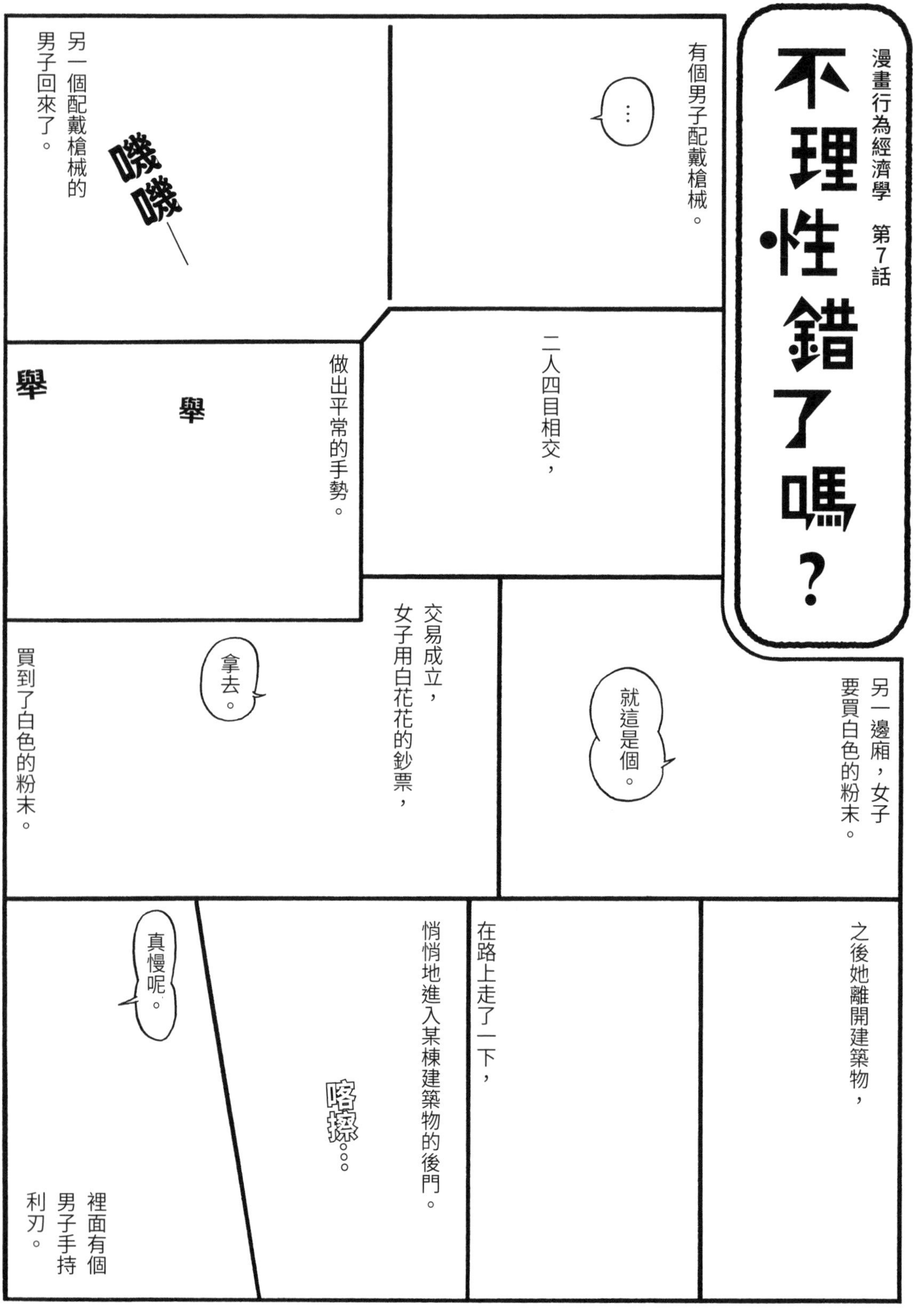
漫畫行為經濟學 第7話
不理性錯了嗎？
有個男子配戴槍械。
……
另一個配戴槍械的男子回來了。
嘰嘰——
二人四目相交，
做出平常的手勢。
舉
舉
另一邊廂，女子要買白色的粉末。
就這是個。
交易成立，女子用白花花的鈔票，
拿去。
買到了白色的粉末。
之後她離開建築物，
在路上走了一下，
悄悄地進入某棟建築物的後門。
喀擦。。。
真慢呢。
裡面有個男子手持利刃。

女子朝對方使了眼色，

接著從包包拿出白色粉末，

咚

交給男子。

男子微笑道。

是好貨。

過沒多久，剛才的持槍男子也跑來了。

喀擦

持槍男子說，

老樣子。

他要兩樣老東西。

持刀男子熟練地準備好了東西。

持槍男子掏出錢，拿到了那樣東西。

持槍男子離開後，

回到原來的地方。

另一位同樣持槍的男子，

⋯⋯

一動也不動地等他回來。

二人一對上眼，又做出了平常做的手勢。

舉

舉

漫畫行為經濟學 第7話「不理性派出所的一天」篇
不理性錯了嗎？
有個男子配戴槍械。
……
另一個配戴槍械的男子回來了。
嘰嘰
二人四目相交，
做出平常的手勢。
舉
舉
另一邊廂，女子要買白色的粉末。
就這是個。
交易成立，女子用白花花的鈔票，
拿去。
買到了白色的粉末。
之後她離開建築物，
在路上走了一下，
ヘンテコ町郵便局
悄悄地進入某棟建築物的後門。
喀擦…
真慢呢。
裡面有個男子手持利刃。

我們都被刻板印象束縛了
——代表性捷思

各位光看前面兩頁的文字，會以為是懸疑的犯罪劇情對吧。

不過，再看這兩頁的漫畫，內容純粹是和平的日常景象，和懸疑罪案一點關係也沒有。

兩篇的文字敘述、對話框、狀聲詞都一樣，但各位看過懸疑的犯罪劇情，擺脫不了那種刻板的印象，因此以為前兩頁是在講什麼驚心動魄的案子。

我們在看事情的時候，難免會受到一些成見的影響，而做出不客觀的判斷。在行為經濟學中，這種心理現象稱為「代表性捷思※」。

——總之，人類真是不理性的動物。

※捷思＝人類的直覺判斷。

接下來請看一道簡單的問題，
讓頭腦放鬆一下吧。

（問）
某位教授的父親有個兒子，那位教授的兒子的父親，跟那個兒子對話。那位教授沒有參與這場對話，請問這是有可能的嗎？

※答案請見P.152。

第8話

「喜歡卻沒辦法購買」篇

——誘餌效應

大約三十年前，市場上出現了一項劃時代的商品。這項商品成為家庭主婦討論的焦點，也是她們最想買到的東西。奇怪的是，這項商品的銷量持平，直到某件事發生以後才大賣。各位知道到底發生了什麼事嗎？

不理性錯了嗎？
漫畫行為經濟學 第8話「喜歡卻沒辦法購買」篇
嘆～
妳在煩惱什麼啊？
我知道了，妳在想那個全球首創的商品對吧？
大約在三十年前，
一定是電視上的那個。
對啊，就是麵包機。
某個小鎮裡，有一戶很典型的小康家庭。
有了麵包機……我每天早上就能做現烤麵包給你們吃了。
快買快買。
那個要價15000元對吧，我這個月領獎金，就買吧。
其實……
我不是在煩惱價格。
不然妳在煩惱什麼？

我也說不上來，製造商名聲不錯，我是真的蠻想要的啦，可是……
可是？
明明很喜歡，但我就是買不下去。
隔壁的太太，還有我朋友的太太，也是想買但買不下去…
好想買。
買不下去啊。
我想買，可是…
想買。
想買，只是…
想買。
想買，不過…
想買。
想買。
好猶豫。
想要又買不下去。
想買。
糾結。
好猶豫。
買不下去。
不敢買。
雖然想買
買不下去。
好猶豫。
想買。
好猶豫。
想買。
想買。
好猶豫。
課長！新推出的麵包機，全國各地都賣不出去啊！

什麼！
當初市場調查的結果不是很好嗎！
課長，
我們的主要客群是家庭主婦，她們似乎很猶豫要不要買。
嗯……
原因是？
在家裡做麵包，這是一種全新的活動，所以大家觀念上還無法接受吧。
SONIPANAC
還要大家接受喔…也對啦，只是推出一個新商品而已，突然要大家接受新風氣也蠻困難的。
要是其他公司也推出麵包機，大家就會習慣這種風氣了吧…
哪有人期待對手跟進的…
也太依靠別人。
認清現實啦。
SONIPANAC
課長！
不如我們自己創造競爭對手吧？
嗯～
唔…
自己創造競爭對手？
什麼意思啊？

有了選擇，大家才肯接受
——誘餌效應

麵包機剛推出人人都想擁有，
但沒有人真的買來用。
直到高級機種推出以後，
單一的商品多了其他的種類，
讓大家認為在家裡做麵包，
已經是一種稀鬆平常的行為。

於是，主婦們看到麵包機，
不會再猶豫要不要購買，
而是猶豫該買哪款才好，
從此麵包機銷量長紅。

由此可見，人們對單一的
事物難以評斷價值，
而有了新的選項充當誘餌，
就覺得那樣東西已經很普及。
問題就不再是「要或不要」，
而是「哪一種比較好」了。

——總之，
人類真是不理性的動物。

【議程（agenda）】 開會要討論的議題。

第9話

「算命仙的建議」篇

——時近效應

否田衰彥開口閉口都是負面的意見，因為狗嘴吐不出象牙，遲遲無法結婚。失意的他找上算命仙，想要尋求一下人生指引，殊不知……

漫畫行為經濟學 第9話「算命仙的建議」篇
不理性錯了嗎？
我看你注定當個王老五。
咦？
不會吧…
否田衰彥（34歲）
你的業障我看得清清楚楚……你這個人啊，生性酷愛「否定」。
否
說起來，大家好像都很討厭我……
你昨晚也走霉運對吧。
咦？大師你看得出來嗎…其實…
昨天我花了一筆錢，邀請總務課的愛美小姐共進晚餐，她是我心儀已久的對象。
我本來打算送她回家時告白的。
這家餐廳很不錯呢，衰彥你覺得呢？
RESTAURANT
EPICIUS
是很好吃啦，可惜**貴**了點。
難得的好心情，
都**泡湯**了…

其實在用餐前，還發生了另一件事。
你幫我看一下好嗎？
是很可愛啦，但太花俏了。
怒
最糟的是，
那再見囉，今天過得很開心。
我也很開心喔。
只是
只是？
好累喔。
愛美小姐！
哀彥，你好過分喔。
虧我還覺得
你戴眼鏡
看起來蠻帥的…
你這樣當然不行啊。
目
白
我根本不敢告白啊。
你想嘛，我薪水不高，家裡又有個難伺候的老母。我又是長子，就算真的交往了，也不可能順利…
好，本大仙這就告訴你一個好方法。
聽好囉，從今以後不管你在什麼場合，講話順序都要顛倒過來，聽到沒有？
逆
占
來，占卜費750元。
我知道了，講話順序都要顛倒過來。

下個禮拜，衰彥死命向愛美道歉，愛美總算願意再給他一次機會。
鮨
次郎兵衛
這家壽司店真不錯，衰彥你覺得呢？
是很好吃啦，可惜貴了點。
A
B
?
要顛倒過來。
雖然貴了點，但好吃。
B
A
衰彥，你怎麼了？
? ? ?
雖然貴了點，但好吃。
B
A
SALE
對啊，改天再一起來吧。
2週後，他們在珠寶店……
是很可愛啦，但太花俏了……
A
B
這個耳環如何？
雖然花俏了點，但很可愛喔。
B
A
很適合您喔。
那就買這個吧。
～就這樣過了半年，衰彥終於要面對人生中最大的考驗～
當晚，他們去了第一次約會的那間餐廳。
愛美，其實我……
怎麼了，忽然這麼嚴肅？
我說不出口啊。我薪水不高，家裡又有個難伺候的老母。
我還是長子，說不出口啊。

結果好就夠了
——時近效應

衰彥因為講話太負面的關係，約會總是以失敗收場。好在經過高人指點，總算成功贏得美人的芳心。

當我們聽到好幾項訊息時，通常對最後一項訊息特別有印象，而且會以那項訊息來做判斷依據。這種心理現象稱為「時近效應」。

所以同一件事情，把壞消息放在最後面講，對方聽起來就會認為是壞事；把好消息放在最後面講，對方聽起來就會認為是好事。

行為經濟學專門研究人類的決策機制，其實這一門學問，還牽涉到價值判斷的心態。

——總之，人類真是不理性的動物。

在機場經常看到的這個標語，會帶給旅客什麼樣的感受呢？

——意外產生的時近效應

©Daouda / 4travel

前篇漫畫描述的心理現象是「時近效應」，亦即整段對話中的最後一句話，會決定給人的印象。

上面的照片，是英國希斯洛機場掛在出境通道上的看板。即將離境的旅客，看到這個看板會有什麼感想呢？他們大概會覺得，在英國**有許多愉快的回憶**吧。而且會有一種想要舊地重遊的心情。從結果來看，這就是善用「時近效應」的一大範例。

第10話

「紅磚餐廳的新菜單」篇

——極端趨避

三個感情不錯的家庭主婦，今天也到典雅的紅磚餐廳享用午餐。她們選了平日常吃的B套餐，便宜又好吃。不過，經過某件事以後，三人就改選其他套餐了……

漫畫行為經濟學 第10話「紅磚餐廳的新菜單」篇
不理性錯了嗎？
盯——
MENU
決定好了！
我也是。
我也一樣。
客人要點餐了嗎？
當然是點B套餐啊！
A < B
500 元
375 元
500 元的 A 套餐只多一碗湯和沙拉，當然是點 B 套餐比較划算。
這裡是位於郊區的紅磚餐廳，十分氣派典雅。
這三個主婦，每個月會來這裡兩三次吃午餐。
東家長
西家短
她們從中午一直聊到下午三點多，盡情抒發平日的鬱悶與不滿。
喝

500元
A
B
375元
她們總是不假思索地
選擇 B 套餐。
紅磚餐廳只有 2 種套餐。
A 套餐 500 元
B 套餐 375 元
不料，有一天…
咦～!!
NEW
S
750元
A
500元
B
375元
沒想到，竟然多了
750 元的 S 套餐。
三位決定好了嗎？
怎麼辦？
呃…
好猶豫。
那……我要點A套餐！
哎？
咦？
因為B看起來，
S套餐
750元
烤牛肉
美味漢堡排
沙拉
湯品
自製麵包或米飯
咖啡或紅茶
甜點
A套餐
500元
美味漢堡排
沙拉
湯品
自製麵包或米飯
咖啡或紅茶
B套餐
375元
美味漢堡排
自製麵包或米飯
咖啡或紅茶
感覺是最低等的。
我也選A。
我也是。
嗯嗯
沒錯
況且 A 套餐
還附了
沙拉和湯品。
跟S套餐比起來，
划算多了。
S ＜ A
750 元
500 元
對啊。
沒錯。

話說回一個月前……
這裡是不理性市的藝術中心。
紅磚餐廳的主廚引田，來聽他最喜歡的古典音樂演奏會。
只不過…
引田完全沒有心情享受今晚的演奏會。
悶
理由是…
當天早上，他被老闆臭罵了一頓，心情還沒平復過來。
聽好了，料理長。我手下有好幾家店……
就你這家營業額和利潤最低。
要吸引更多客人，或是拉高單價都好。
總之，賺不到現在的1.5倍，明年就關門大吉。
引田難得來聽喜歡的古典樂，卻心不在焉。
他不自覺握緊拳頭。
這時，他察覺手中有種奇妙的觸感。
打開一看，原來是剛才拿到的門票。

手中被捏爛的門票上，只看得到「A席」兩個字。
A席
引田陷入沉思。
為什麼我會選A席呢？
我拉不下臉選擇最便宜的B席，
可是，S席要3千元，又實在是太貴了。
B
B 750元
A
A 1250元
S
S 3000元
咦？我選了A席⋯⋯
好像只是為了避開B席和S席，也沒別的理由⋯⋯
引田沒等到表演結束，人就直接起身離開了。
他在回程思考著如果菜單上加一個更貴的S套餐，那麼以往不願選擇A套餐的客人，或許就會跟他買票的心態一樣，改選A套餐了吧。

習慣選擇中庸的選項

——極端趨避

故事中的三個家庭主婦，

一向認為500元的A套餐不划算。

可是，當餐廳推出750元的S套餐後，

她們反而改點500元的A套餐，

理由是750元的套餐太貴，

375元又太便宜。

當我們碰到上中下三種選項時，

會盡可能迴避最上等和最下等的選項，

改選保守的那一個選項，

也就是傾向於中庸。

因此，家庭主婦原本嫌A套餐很貴，

在多了不一樣的選項以後，

對A套餐的評價便截然不同。

——總之，

人類真是不理性的動物。

【總體經濟】從國家或地區的宏觀角度來看經濟活動，涵蓋所得、就業、貨幣、投資、貿易等總體經濟行為。

第11話

「棒球社的夏季訓練營」篇

——稟賦效應

今年，不理性商業棒球社也召開了嚴格的夏季訓練營。四個感情很好的一年級菜鳥，很期待宿舍歐巴桑煮的美味佳餚。今天，歐巴桑煮了什麼好料等著他們呢？

不理性錯了嗎？

漫畫行為經濟學 第11話「棒球社的夏季訓練營」篇

嘿！鑽胯下了
接得好！
我來我來我來
飛撲
長打
滾地
快餓死了。
才第一天耶……
肚子餓了。
呼，好累喔。
登登～
登登～
登登～
登登～
量好多喔！
是豬排飯耶！
是豬排飯耶！
HENSHO BASEBALL
是豬排飯耶！

喔！點心是優格啊。
喔！點心是優格。
喔！點心是優格耶。
喔！點心是優格呢。
我開動囉！
我開動囉！
我開動囉！
我開動囉！
再添一碗。
再吃一碗。
添多一點。
歐巴桑，電鍋空了。
吃飽了，再來吃優格。
吃飽了，真好吃。再來吃優格。
超好吃，再來吃優格。
好飽喔，再來吃優格。
各位，等一下，
優格分兩種。
有L和B喔。
兩種我隨便放在餐盤上，
想換口味的跟我說一聲喔。
這是我每天吃的優格。
這口味我第一次吃。
我媽說，吃這個對胃腸很好。
喔，這有加比菲德氏菌啊。

要換別種的吃吃看嗎？
要吃看看別種的嗎？
要換一款吃看看嗎？
要改吃別種的嗎？
最後，他們的決定如下！
還是吃這種的好了!!

不想放棄已經到手的東西
——稟賦效應

四名棒球社的少年，拿到餐廳隨意配發的優格。歐巴桑說可以自由交換口味，但他們喜歡自己拿到的種類，不願意跟別人交換。

當我們拿到一樣東西以後，那樣東西在我們心目中的價值會比原本的價值還要高。因此，要我們放棄手中的東西，我們就會覺得吃大虧，就算換給我們一個價值完全相同的東西也一樣。

這樣的心理作用稱為「稟賦效應」，經常影響我們的行為決策。

——總之，人類真是不理性的動物。

這其中也有「不理性錯了嗎？」這篇摘文要帶各位看一下，文學作品中也有和行為經濟學有關的言行。以下是日本詩人中原中也的一篇詩作。

月夜的海灘

皓月當空的夜晚，一顆鈕扣，
掉落在波光粼粼的海邊。

我撿起鈕扣，也不覺得那有多大用處。
奇怪的是，我將鈕扣揣入懷裡，
捨不得丟棄。

皓月當空的夜晚，一顆鈕扣，
掉落在波光粼粼的海邊。

我撿起鈕扣，
也不覺得那有多大用處。

　　但我沒將鈕扣拋向明月，
　　也沒將鈕扣拋入浪濤。

只是默默揣入懷裡。

皓月當空的夜晚，鈕扣的觸感，
從指尖蔓延到我的心底。

皓月當空的夜晚，一顆鈕扣，
我怎捨得丟棄？

作者在月夜的海邊，偶然撿到一顆鈕扣，便再也捨不得丟棄。「鈕扣的觸感，從指尖蔓延到我的心底」，這無關邏輯，而是一種感性。就算不合乎邏輯，也打動了許多人的心，許多人都非常喜歡這一首詩。這種大家都能感同身受的現象，多少也和稟賦效應有關吧。因此，若沒有稟賦效應，或許就不會有這首詩了。

第12話 「青春期的約會」篇
——促發效應

一位害羞的高中生，鼓起勇氣邀請自己心儀的對象去看電影。約會本該開開心心，但二人始終不太自在，這純粹是初次約會心情緊張的關係嗎？

漫畫行為經濟學 第12話「青春期的約會」篇
不理性錯了嗎？
內木羞男是個生性害羞的高二男生，他很喜歡班上的女同學山田花，於是鼓起勇氣邀約對方看電影。
羞男順著小花的意思，兩人看完《星際大戰》以後，到街上去閒逛。
4D MAX CINEMA
WC
電影很好看呢。
對、對啊。
SHY
要不要坐下來休息？
好、好。
呼～
只是，結局竟然那樣…真是嚇了我一跳，你說呢？
對、對啊，我看到結局也嚇了一跳。
WC
坐久了感覺有點冷呢。
我想再多坐一會。
對了，那邊好像有一家蛋糕店。
蛋糕店啊。
怎麼了？看你沒什麼精神。
啊！
哎呀呀，我還在想這人怎麼這麼眼熟。
拈花彥。
咦？原來是羞男啊，國中畢業以後就沒見面了呢。
你們好～
這是我班上的山田同學。
你們好。
她叫繪美啦。

再見～小花掰掰。
我肚子餓了，快去蛋糕店吧。
好好。
Cake
ヘンテコ洋菓子店
Pâtisserie Henteko
ケーキセット
オススメ ¥880
ブレンド ¥280
終於到了，快找位子坐。
呼，好累喔。
你要點什麼？
我要草莓蛋糕和紅茶，你呢？
我……
我點咖啡就好。
咦？
只點咖啡？
這樣只有我吃不是很奇怪嗎？
都是你看電影的時候，吃一堆爆米花，還灌一大杯可樂的關係啦。
起身
?!
咦？
你怎麼了!?
等一下，你幹麼生氣啊？

前2頁其實還有後話
剛才約會如此尷尬，主要是二人正值青春期，彼此有一些說不出口的秘密。
羞男的秘密
1他上週才和弟弟看過同一部電影。
2他想上廁所，卻不好意思說。
3他已經沒剩多少錢了。
小花的秘密
1新買的鞋子不合腳，走到起水泡了。
2路上遇到的拈花彥，其實是她前男友。
了解這些狀況後，我們再來看一遍剛才的故事。
4D MAX CINEMA
WC
電影很好看呢。
對、對啊。
要不要坐下來休息？
好、好。
呼～
只是，結局竟然那樣⋯真是嚇了我一跳，你說呢？
對、對啊，我看到結局也嚇了一跳。
WC
坐久了感覺有點冷呢。
我想再多坐一會。
對了，那邊好像有一家蛋糕店。
蛋糕店啊。
怎麼了？看你沒什麼精神。
啊！
哎呀呀，我還在想這人怎麼這麼眼熟。
拈花彥。
咦？原來是羞男啊，國中畢業以後就沒見面了呢。
你們好～
這是我班上的山田同學。
你們好。
她叫繪美啦。

再見～小花掰掰。
我肚子餓了，快去蛋糕店吧。
好好。
Cake ヘンテコ洋菓子店
Pâtisserie Henteko
ケーキセット オススメ ¥880 ブレンド ¥280
終於到了，快找位子坐。
呼，好累喔。
你要點什麼？
我要草莓蛋糕和紅茶，你呢？
我……
我點咖啡就好。
咦？
只點咖啡？這樣只有我吃不是很奇怪嗎？
都是你看電影的時候，吃一堆爆米花，還灌一大杯可樂的關係啦。
起身
?!
咦？你怎麼了!?
等一下，你幹麼生氣啊？

我肚子已經不痛了。
原來你是想上廁所啊，幹麼忍著不說呢。還有，你連兩週都看同一部電影，超好笑的啦。謝謝你請我看電影，這一餐算我的吧（小花對羞男純樸的性情非常有好感）。

事先接收到的資訊會影響詮釋法
——促發效應

各位看了同一篇漫畫兩次，但前後兩次看完留下的印象是不是完全不一樣？

比方說，故事開頭看到羞男滿頭大汗，第一次會以為他是很緊張；第二次就知道他是急著要上廁所，才會冒汗。

有時候事先接收到的訊息，會讓我們對同一件事產生截然不同的看法。心理學將這樣的現象稱為「促發效應」。

行為經濟學這一門學問，就是研究人類在這種心理狀況下，會如何做出決策。

——總之，人類真是不理性的動物。

前男友的事
要保密喔。

【權衡取捨（trade-off）】意思是為達成某個目的，必須捨棄其中一項要素，來滿足另一項條件。

第13話

「槍神的懊悔」篇

——月暈效應

行為經濟學是一門嶄新的學問，主要研究人類心理和價值判斷的基準。其實，以前流傳下來的故事，也有行為經濟學的要素存在。這一次的故事，改編自日本作家菊池寬一九五七年的作品《象徵》。

漫畫行為經濟學 第13話「槍神的懊悔」篇
不理性錯了嗎？
原作：菊池寬《象徵》
攝津半國有位武將名喚中村新兵衛，
是一位名滿天下的武士。
他的槍術出神入化，諢名「槍神中村」。
槍神中村在戰場上驍勇無比，作戰的英姿無人能出其右。
身上的武具更是大有來頭。
火焰般的猩紅戰袍
※色彩艷麗的深紅色陣羽織。
還有
唐冠纓金頭盔
※仿效中國古代頭冠的頭盔。
他是敵人最大的威脅，
是槍神中村，快逃啊～
也是自家人最大的依靠。
跟中村大人一起衝啊～
某天，有人前去拜會槍神中村。

亞父，在下有一事相求。
這位俊美的武士，名喚新助高之，才剛服完成年禮。他是新兵衛的主公松山新介的側室之子，自小就跟著新兵衛，接受栽培。
喔喔，是新助高之啊。
我對你視如己出，有話但說無妨。
明天是在下第一次上戰場，無論如何都要打一場漂亮的勝仗。所以，可否借亞父的戰袍和頭盔一用？
哈哈哈，真是年輕氣盛的請求啊。
看到新助高之如此上進，槍神中村心中很是快慰。
要借可以，
不過。
這套戰袍和頭盔乃我槍神的象徵。
你要借用我的象徵，必須要有足夠的覺悟才行。
當然，在下比必當立下赫赫戰功，絕不辱沒亞父的威名。
那我就放心啦，哈哈哈哈哈。

隔天，中村新兵衛等人率領松山軍和筒井軍鑒戰。
開戰沒多久，就看到一名身穿猩紅戰袍和唐冠頭盔的武士，在燦爛的朝陽下神勇地挫敗敵軍。
那一天，中村新兵衛穿著黑色的鎧甲和頭盔，滿心歡喜地看著那個神勇的緋紅戰將。
他感到非常自豪，
想不到自己的精神象徵，也有萬夫不敵的威勢。
於是，中村新兵衛一馬當先衝向敵陣，準備乘勝追擊。
不料……

戰況跟平時完全不一樣。
平時膽小如鼠的敵軍，
今天卻奮勇抵抗，
跟他戰得難分難解。
就連普通的士卒也敢衝上來搏命。
為何呢？
在戰鬥的過程中，
新兵衛終於明白原因了。
他開始後悔，
真不該借出那一套
猩紅戰袍和
唐冠頭盔。
說時遲那時快，
一名小卒瞄準
他鎧甲的縫隙，
一槍貫穿了他的內臟。

判斷事物只看顯著的特徵

——月暈效應

新兵衛原以為敵人害怕他，
是他武藝高強的關係。
事實上，敵人害怕的是
象徵力量的猩紅戰袍和唐冠頭盔。

因此，穿上猩紅戰袍和唐冠頭盔的年輕武士，
成功挫敗敵軍的銳氣。
而失去華麗戰甲的新兵衛，
不再是敵軍恐懼的對象，
甚至還被小卒的長槍刺穿。

這個故事告訴我們，人類判斷一件事情，
通常只看表面的特徵，
這種心理現象稱為「月暈效應」。

現代社會也有同樣的現象，
有時候我們看到一個人擁有輝煌的學經歷，
就會給對方高度的評價。
我們判斷事情時，往往只看明顯的特徵，
並沒有真的了解其內涵。

——總之，
人類真是不理性的動物。

小彩與克彥

不理性錯了嗎?

HENTE-comic

其①

再 2 個星期就要開張了，
快點給我布置好！

對了，我打算
再訂 5 張椅子。

是，明白了。

克彥，
椅子已經
夠了吧。

哈哈哈哈哈，
妳一個養尊
處優的大小姐
不懂啦。

這些椅子是要
放在店門外面的。

行人一看到椅子，
就會以為這家店
人潮很多、很有人氣啊！

其實，克彥這種
投機取巧的個性，
我實在信不過…

小彩與克彥的故事未完待續……

行為經濟學解說 1【從眾效應】

這一篇漫畫講述的是「從眾（herding）效應」，當我們看到大多數人都在做某一件事，就會採取同樣的行動。

第14話

「每週給70顆橡實」篇
——漸進偏好

某天，有人在松鼠居住的森林廣場，貼了2張徵才啟事，來自兩家互相競爭的汽車廠。松鼠們看了公告，開始討論要去哪一家工作比較好。

漫畫行為經濟學 第14話「每週給70顆橡實」篇

不理性錯了嗎？

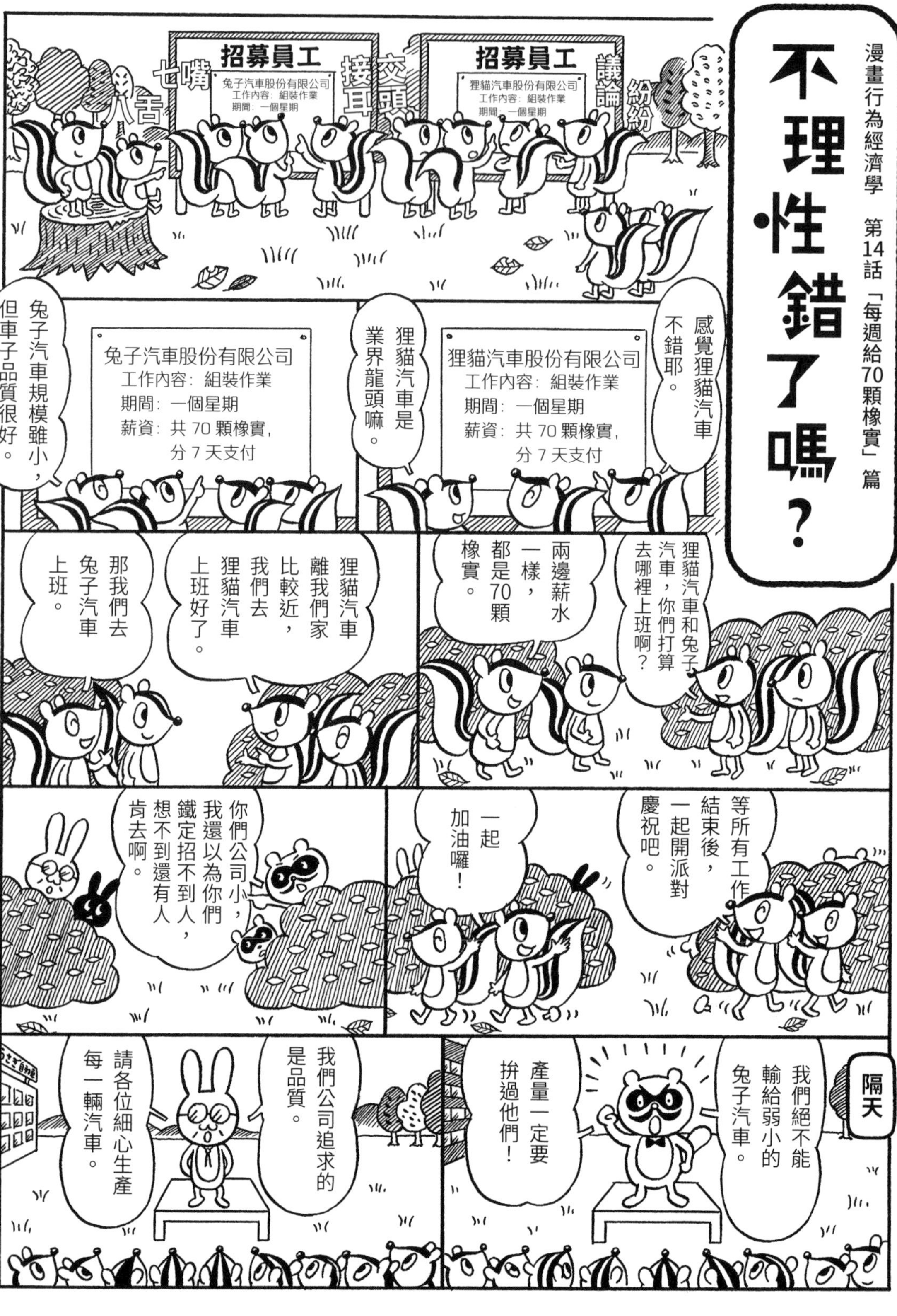

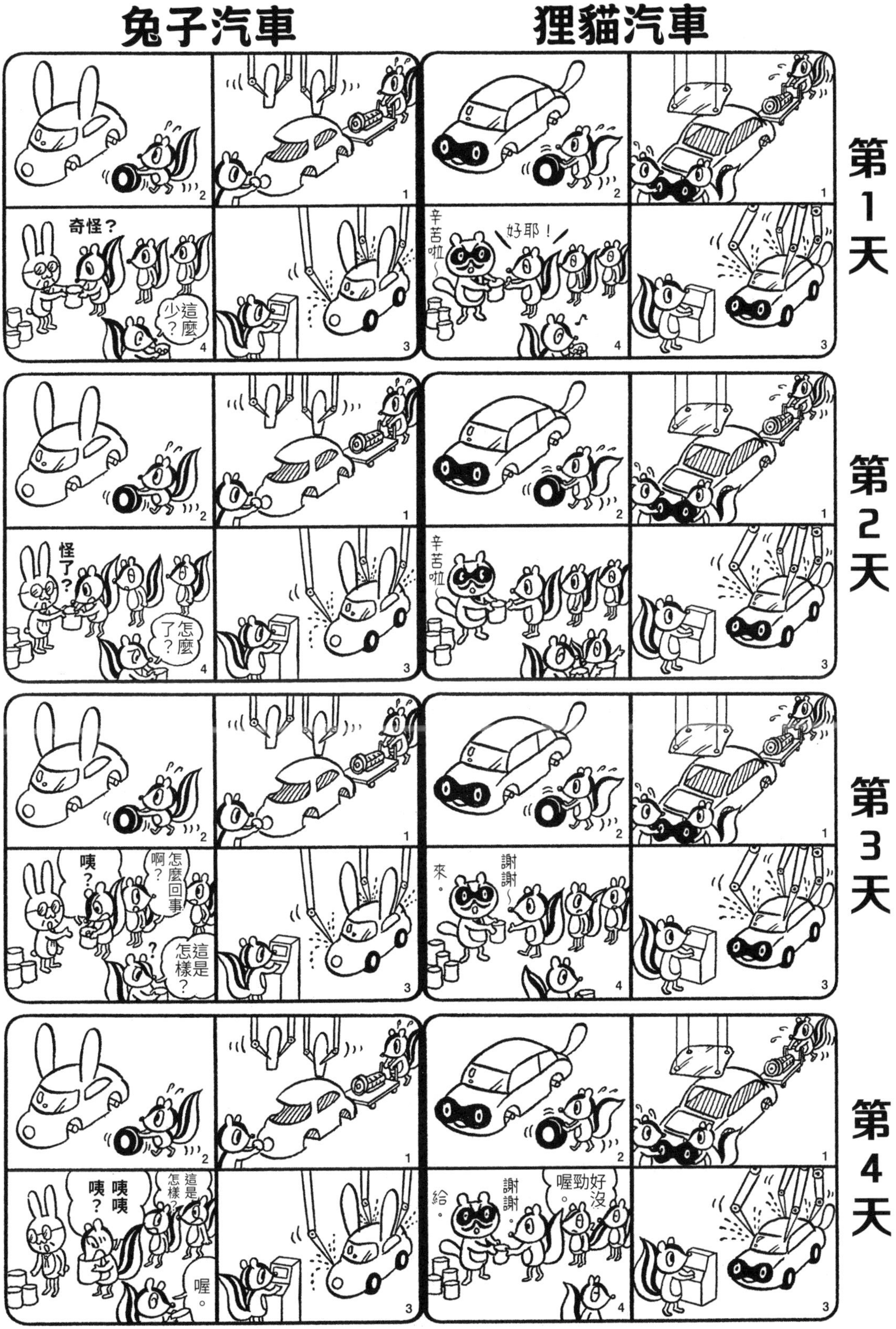
兔子汽車
狸貓汽車
第1天
奇怪？
這麼少？
辛苦啦～
好耶！
第2天
怪了？
怎麼了？
辛苦啦～
第3天
咦？
怎麼回事啊？
這是怎樣？
來。
謝謝～
第4天
咦咦
咦？
這是怎樣？
喔。
給。
謝謝。
好沒勁喔。

兔子汽車
狸貓汽車
第5天
喔喔喔！
好耶。
好睏。
呵欠~
來。
第6天
喔喔喔！
期待
耶。
謝謝。
拿去吧。
第7天
萬歲！
好耶！
讚啦。
終於。
結束了！
好累。
當天傍晚
產量怎麼連預定的八成都不到？
生產高200台
呃，其實起初進度還不錯…
砰
什麼！
不好了！兔子汽車的產量超出預期啊。
喔喔，產量一天比一天多呢！
300台
達成三百輛的目標了。

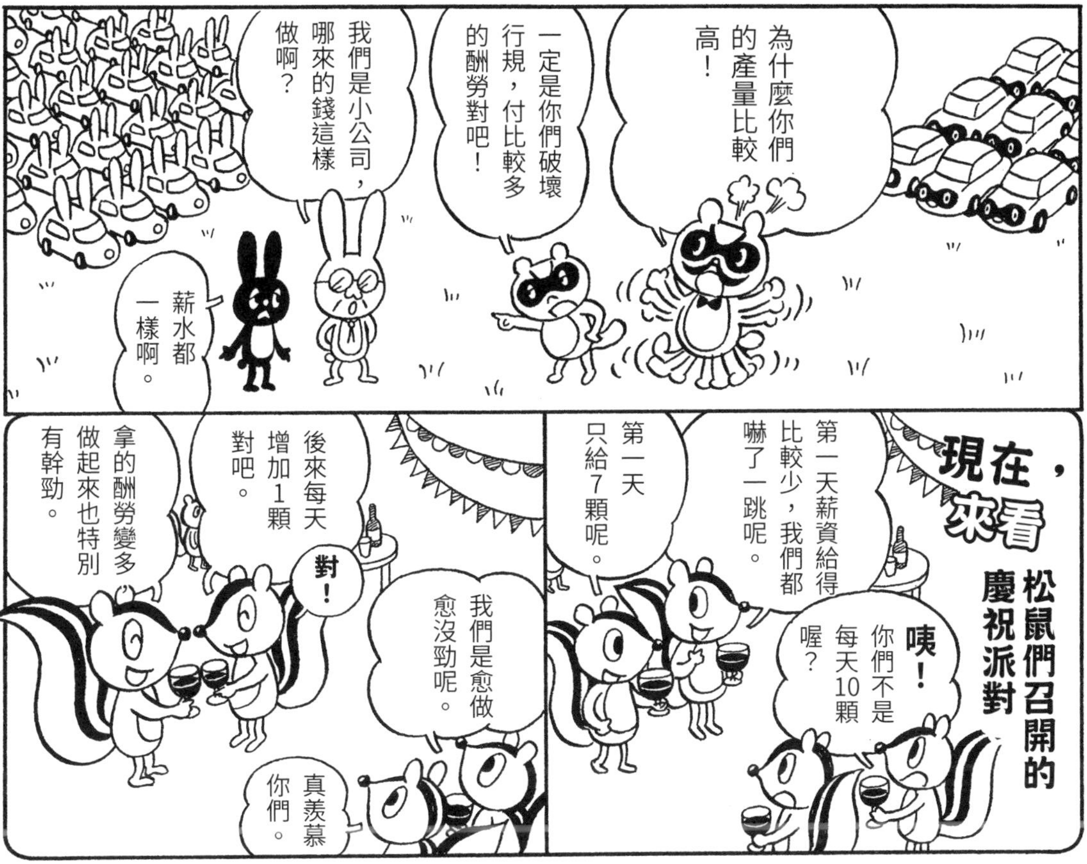

喜歡漸進式的改善方式

——漸進偏好

左邊的圖表，是狸貓汽車和兔子汽車每天付給員工的橡實數量。

	狸貓汽車	兔子汽車
第 1 天	10 顆	7 顆
第 2 天	10 顆	8 顆
第 3 天	10 顆	9 顆
第 4 天	10 顆	10 顆
第 5 天	10 顆	11 顆
第 6 天	10 顆	12 顆
第 7 天	10 顆	13 顆
合計	70 顆	70 顆

兩家公司的薪資一樣，都是一週70顆橡實。狸貓汽車一天給10顆，兔子汽車第一天給7顆，之後每天增加1顆。結果在兔子汽車工作的松鼠，幹勁遠高於另一家公司的松鼠。

人類比較喜歡漸進的改善方式，這種心理現象稱為「漸進偏好」。

儘管兩邊最後拿到的橡實數量都一樣，但一開始拿得比較少，之後每天增加一顆，員工會很期待每一天的工作，做起事來也特別認真，比每天都拿同樣的數量要好。

——總之，人類真是不理性的動物。

松鼠們的風險管理

【風險管理（risk management）】在處理某一件事情時，事先考量各種可能性，做好組織管理，防範可能發生的意外或損失（風險）。

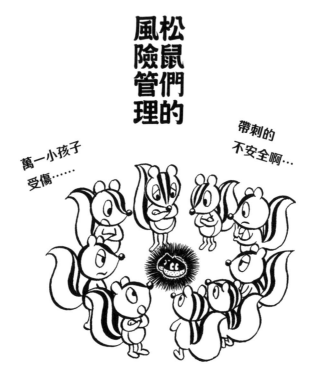

第15話

「魔鬼隊長的策略」篇

——目標漸進效應

不理性大學足球社舉辦春季集訓營，不過隊長安排的訓練課表太操，低年級的社員對此頗有怨言。到了集訓營的最後一天，眾人的不滿就快要爆發了……

不理性錯了嗎？
漫畫行為經濟學 第15話「魔鬼隊長的策略」篇
20!
21!
22!
不理性大學的足球社在春季大賽前，舉辦了總計為期十天的集訓營。今天是第九天，艱苦的訓練耗盡了社員的體力和精力。
尤其一年級社員無法忍受大量的伏地挺身和跑步訓練，累積的情緒可說是一觸即發。倒數兩天，卻充滿了劍拔弩張的氣息。
23!
24!
最後5下！
喔！
5!
4!
3!
2!
喔喔…
最後一下！
累死～
噢～
不行了…
練習結束後，那些低年級社員聚在一起發牢騷。
足球只要能得分就行了吧。
好想練習射門喔。
結果跑完一千五百公尺後，還要我們做重訓和衝刺。
最後還有伏地挺身也太操了。
一年級的又在抱怨……我都跟他們說過基礎訓練的重要性了。

伏地挺身也是，過二十下以後就累死了。
超累的啊！
不過，聽到只剩五下的時候，終於有種要解脫的感覺。
沒錯，一想到快結束，似乎又多了點幹勁。
的確，我以前一年級的時候，也有同樣的想法…
一想到訓練快要結束，心中又多了點幹勁。
晚上召開檢討會
明天是集訓最後一天，照慣例會舉辦紅白對抗賽。
太好了！
終於啊！
好耶～
不過，比賽前還是一樣要跑步和做重訓！
啥？
最後一天還來啊？
最後一天不是只有對抗賽嗎！
隊長，你排的訓練課表太操了吧？
你們不想踢出好成績嗎？
靜—
你們寧願一直屈居人後嗎？
再撐一下也不願意是嗎！
靜—
那傢伙果然討人厭。
都沒幹勁了啦。
最後一天還要跑步和做伏地挺身，什麼啊。
乾脆翹掉，或是偷懶好了。
言盡於此他們還是不領情啊…
不對，他們之前說過，一想到訓練快要結束，又多了點幹勁。
啊…我有法子了。

隔天・最後一天
衝刺完了，準備做30下伏地挺身！
呼～
呼呼
氣喘如牛
隊長，我們快累死了啦。
呼呼
衝刺前還做了重訓耶。
我們沒體力了啦。
呼⋯⋯
喔？沒力了？
隊長再怎麼狠，也該放棄了吧？
其實，有件事要告訴各位。
還不放棄？
這次集訓為期十天。
每天都做30下伏地挺身。
到底要講什麼？
也就是說⋯⋯今天再撐一下，這次集訓你們就做了300下伏地挺身！
300下！
而且，你們已經連做九天，也就是做完270下了！
270下 300下
再做30下，就滿300下了！
好！
加油吧！

終於做完300下了!

被喻為魔鬼隊長的山田,在這次集訓中學到了寶貴的一課,讓他在往後的人生中順利度過各種難關。

愈接近目標,做事就愈有幹勁
——目標漸進效應

低年級的社員覺得每天做30下伏地挺身很多。

不過,當他們聽到只剩5下的時候,終於有種要解脫的感覺,身上又多了一點幹勁。

隊長得知社員的心聲後,想出了一個好方法。

他告訴社員,只要最後一天再做30下伏地挺身,這次集訓就等於做了300下。

社員們聽到這句話,決定認真做完這最後的30下。

心理學把這種現象稱為「目標漸進效應」。

人類在快要達成目標的時候,會做出一些特別的舉動,好比變得更有幹勁,或是加緊腳步完成目標等等。

照常做30下伏地挺身,跟300下的最後30下伏地挺身,同樣都是伏地挺身,次數也一樣。

可是,當目標近在眼前的時候,同一件事會令我們做出截然不同的反應。

——總之,人類真是不理性的動物。

HENT-Economics

猛烈打鼓

【極端（drastic）】 本為極端、猛烈之意，在日本也有一鼓作氣、釜底抽薪的用法。

第16話

「和長度有關的認知測驗」篇

——從眾行為

在本篇故事開始前，
要請各位先參加一場認知測驗。

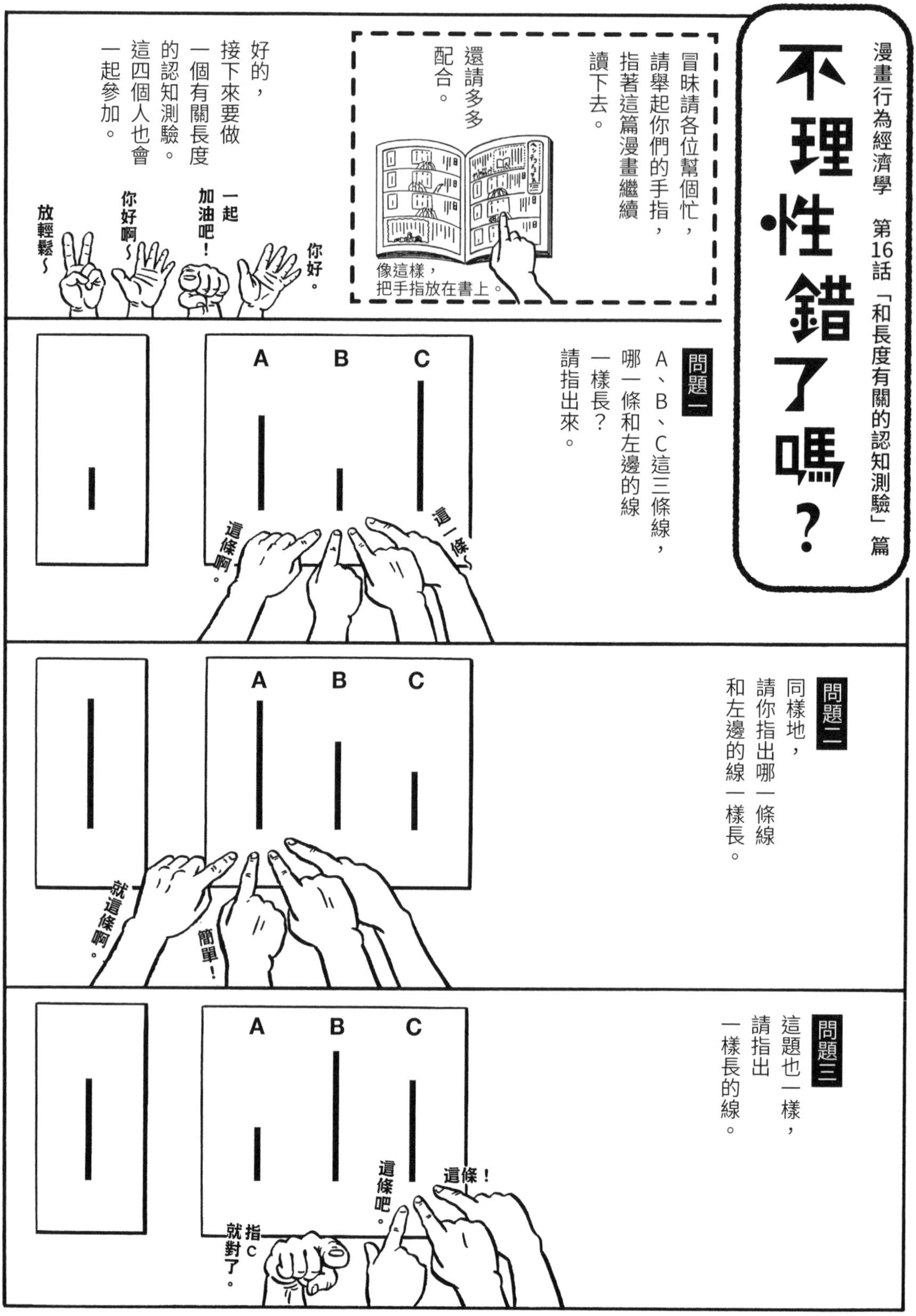
漫畫行為經濟學 第16話「和長度有關的認知測驗」篇
不理性錯了嗎？
冒昧請各位幫個忙，請舉起你們的手指，指著這篇漫畫繼續讀下去。
還請多多配合。
像這樣，把手指放在書上。
好的，接下來要做一個有關長度的認知測驗。這四個人也會一起參加。
你好。
一起加油吧！
你好啊～
放輕鬆～
問題一
A、B、C這三條線，哪一條和左邊的線一樣長？請指出來。
A
B
C
這一條～
這條啊。
問題二
同樣地，請你指出哪一條線和左邊的線一樣長。
A
B
C
簡單！
就這條啊。
問題三
這題也一樣，請指出一樣長的線。
A
B
C
這條！
這條吧。
指C就對了。

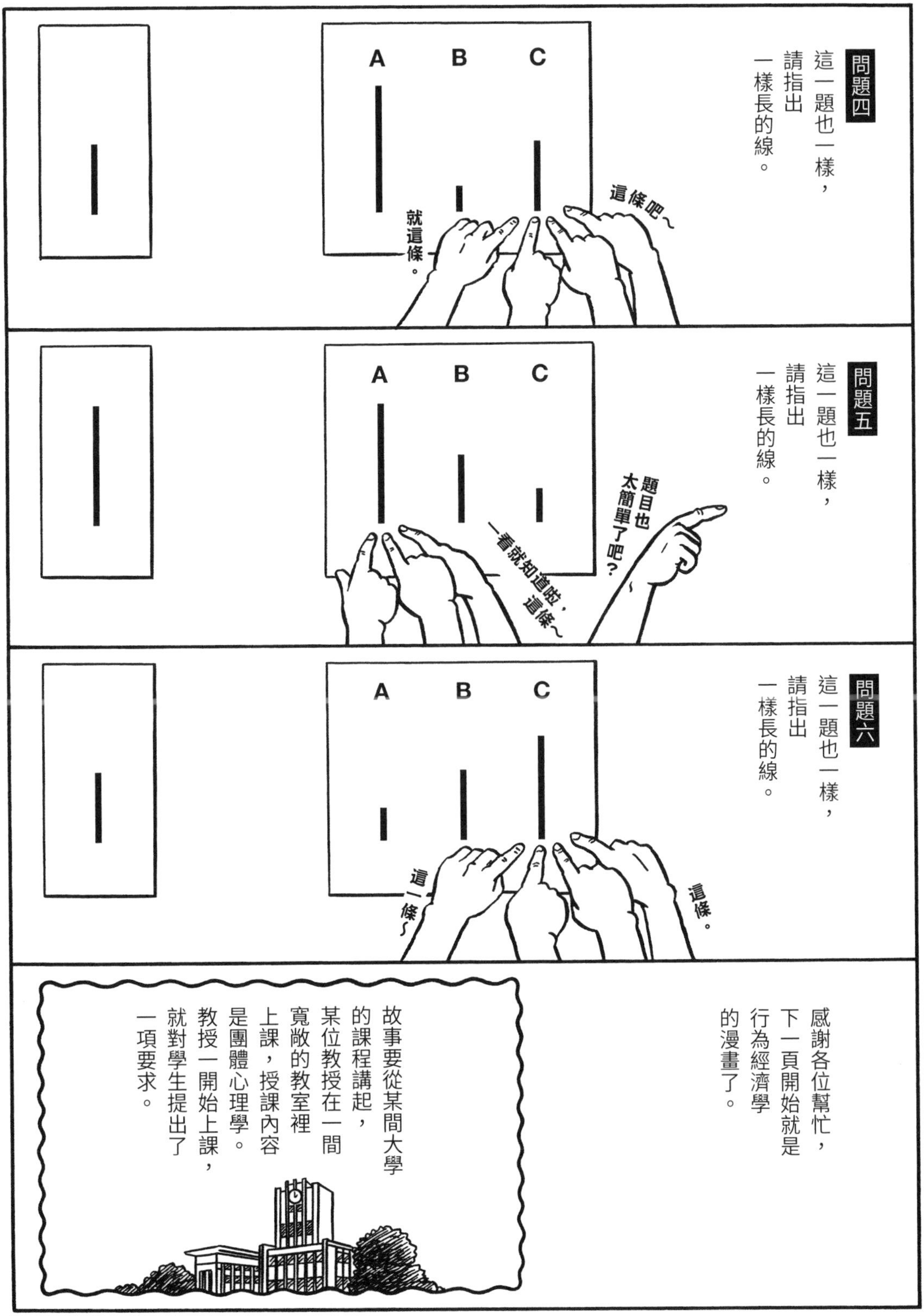

問題四
這一題也一樣，
請指出
一樣長的線。
A
B
C
這條吧～
就這條。
問題五
這一題也一樣，
請指出
一樣長的線。
A
B
C
題目也
太簡單了吧？
一看就知道啦，
這條～
問題六
這一題也一樣，
請指出
一樣長的線。
A
B
C
這條。
這一條～
感謝各位幫忙，
下一頁開始就是
行為經濟學
的漫畫了。
故事要從某間大學
的課程講起，
某位教授在一間
寬敞的教室裡
上課，授課內容
是團體心理學。
教授一開始上課，
就對學生提出了
一項要求。

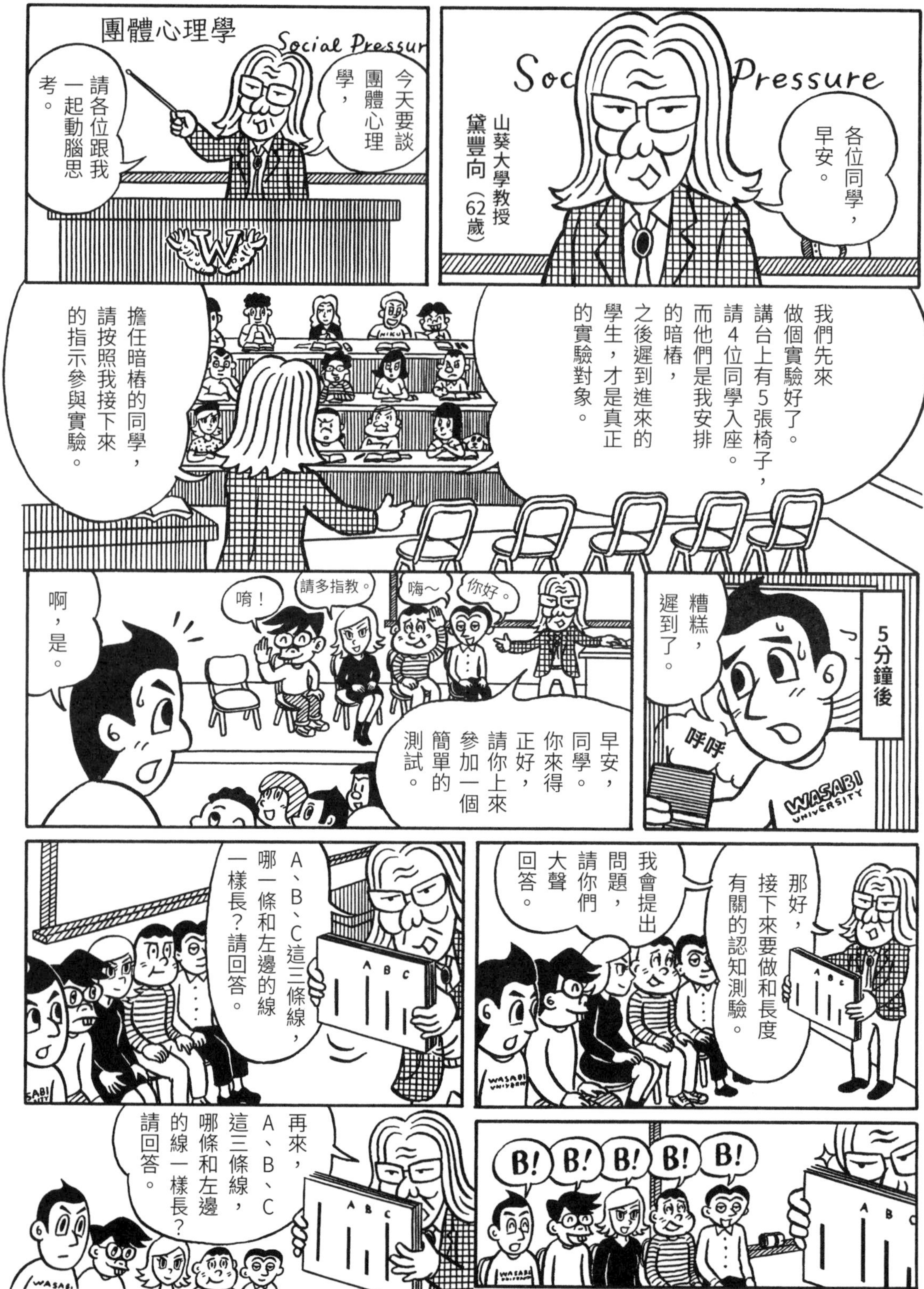
Social Pressure
各位同學，早安。
山葵大學教授
黛豐向（62歲）
團體心理學
Social Pressur
今天要談團體心理學，
請各位跟我一起動腦思考。
我們先來做個實驗好了。講台上有5張椅子，請4位同學入座。而他們是我安排的暗樁，之後遲到進來的學生，才是真正的實驗對象。
擔任暗樁的同學，請按照我接下來的指示參與實驗。
5分鐘後
糟糕，遲到了。
呼呼
WASABI UNIVERSITY
早安，同學。你來得正好，請你上來參加一個簡單的測試。
你好。
嗨～
請多指教。
唷！
啊，是。
那好，接下來要做和長度有關的認知測驗。
我會提出問題，請你們大聲回答。
A、B、C這三條線，哪一條和左邊的線一樣長？請回答。
B!
B!
B!
B!
B!
再來，A、B、C這三條線，哪條和左邊的線一樣長？請回答。

團體判斷會影響個人判斷
——從眾行為

其實一開始請各位參加的測試，和長度測試沒什麼關係。美國心理學家所羅門・阿希在一九五〇年代做過從眾行為的實驗，這個測試正源自當初的實驗。

這個長度測試本身很簡單，你和另外四人一開始的答案都一樣，但最後一題其他四人都說了錯誤的答案。而你看到他們回答一致，會不會懷疑自己才是錯的一方？

根據所羅門・阿希的實驗，有超過三成的人會盲從群體，改變自己的答案，說出錯誤的答案。

當我們的價值判斷和群體不同時，就算群體的意見有明顯的錯誤，我們也會配合大家的意見，改變自己的看法。

——總之，
人類真是不理性的動物。

實際上從眾行為實驗，是這樣進行的。

SCIENTIFIC AMERICAN
NOVEMBER, 1955 VOL. 193, NO. 5

Opinions and Social Pressure

Exactly what is the effect of the opinions of others on our own? In other words, how strong is the urge toward social conformity? The question is approached by means of some unusual experiments

by Solomon E. Asch

That social influences shape every person's practices, judgments and beliefs is a truism to which anyone will readily assent. A child masters his "native" dialect down to the finest nuances; a member of a tribe of cannibals accepts cannibalism as altogether fitting and proper. All the social sciences take their departure from the observation of the profound effects that groups exert on their members. For psychologists, group pressure upon the minds of individuals raises a host of questions they would like to investigate in detail.

How, and to what extent, do social forces constrain people's opinions and attitudes? This question is especially pertinent in our day. The same epoch that has witnessed the unprecedented technical extension of communication has also brought into existence the deliberate manipulation of opinion and the "engineering of consent." There are many good reasons why, as citizens and as scientists, we should be concerned with studying the ways in which human beings form their opinions and the role that social conditions play.

Studies of these questions began with the interest in hypnosis aroused by the French physician Jean Martin Charcot (a teacher of Sigmund Freud) toward the end of the 19th century. Charcot believed that only hysterical patients could be fully hypnotized, but this view was soon challenged by two other physicians, Hyppolyte Bernheim and A. A. Liébault, who demonstrated that they could put most people under the hypnotic spell. Bernheim proposed that hypnosis was but an extreme form of a normal psychological process which became known as "suggestibility." It was shown that monotonous reiteration of instructions could induce in normal persons in the waking state involuntary bodily changes such as swaying or rigidity of the arms, and sensations such as warmth and odor.

It was not long before social thinkers seized upon these discoveries as a basis for explaining numerous social phenomena, from the spread of opinion to the formation of crowds and the following of leaders. The sociologist Gabriel Tarde summed it all up in the aphorism: "Social man is a somnambulist."

When the new discipline of social psychology was born at the beginning of this century, its first experiments were

EXPERIMENT IS REPEATED in the Laboratory of Social Relations at Harvard University. Seven student subjects are asked by the experimenter (*right*) to compare the length of lines (*see diagram on the next page*). Six of the subjects have been coached beforehand to give unanimously wrong answers. The seventh (*sixth from the left*) has merely been told that it is an experiment in perception.

31

美國社會心理學家所羅門．阿希（Solomon E. Asch）在一九五一年公開從眾行為的相關研究，漫畫中的測試就是來自研究的內容。接下來介紹所羅門．阿希的論文片段，當中有描述他**實際做過的從眾行為實驗**，這一篇文章就刊在《科學人》雜誌中（"Opinions and Social Pressure." *Scientific American*, 193, no. 5〔November 1955〕）。

本實驗在哈佛大學的社會關係研究室進行，照片最右邊的實驗者（所羅門．阿希）要求七名參與實驗的學生比較線條長短。實驗者事先知會其中六名學生，要他們在某一題故意答錯。剩下那一名學生（左邊數來第六位，穿白色襯衫的學生）則被告知參與的是普通的認知測驗。也就是說，那一名學生是在安排好的情境下，參與從眾行為的實驗。

第17話 「狐狸與葡萄」篇

——消除認知失調

當我們遇到不如意的事情時，難免會說出一些不甘心的氣話。為什麼人類會做出這種看似毫無意義的行為呢？要解開這一道謎題，先來看一篇家喻戶曉的寓言故事。

漫畫行為經濟學 第17話「狐狸與葡萄」篇
不理性錯了嗎？
漫畫行為經濟學這次要先從一個家喻戶曉的寓言故事說起。
某個炎炎夏日，一隻飢腸轆轆的狐狸，來到葡萄樹下。
看起來好甜！
狐狸拚命往上跳，想要摘一些葡萄來吃，可惜怎麼也搆不到。
嘿
最後，摘不到葡萄的狐狸憤然離去，還嫌棄那些葡萄一定是酸的。
那葡萄一定又酸又難吃。
這是《伊索寓言》的一則故事，也是典型的死鴨子嘴硬的故事。
哼
那隻狐狸在往後的人生中，也不斷用各種藉口來掩飾自己的失敗。
狐狸的不服輸人生
香蕉對狐狸來說太甜了。
那隻母狐狸個性一定不好。
NG！
烏龜勝利！
終點
傻子才腳踏實地努力。
狸貓蕎麥麵最讚！給我狸貓麵。
我也要!!
哼！
配料不過是天婦羅的油渣啊。
那隻狐狸死後無法上天堂，靈魂不斷在人間徘徊。

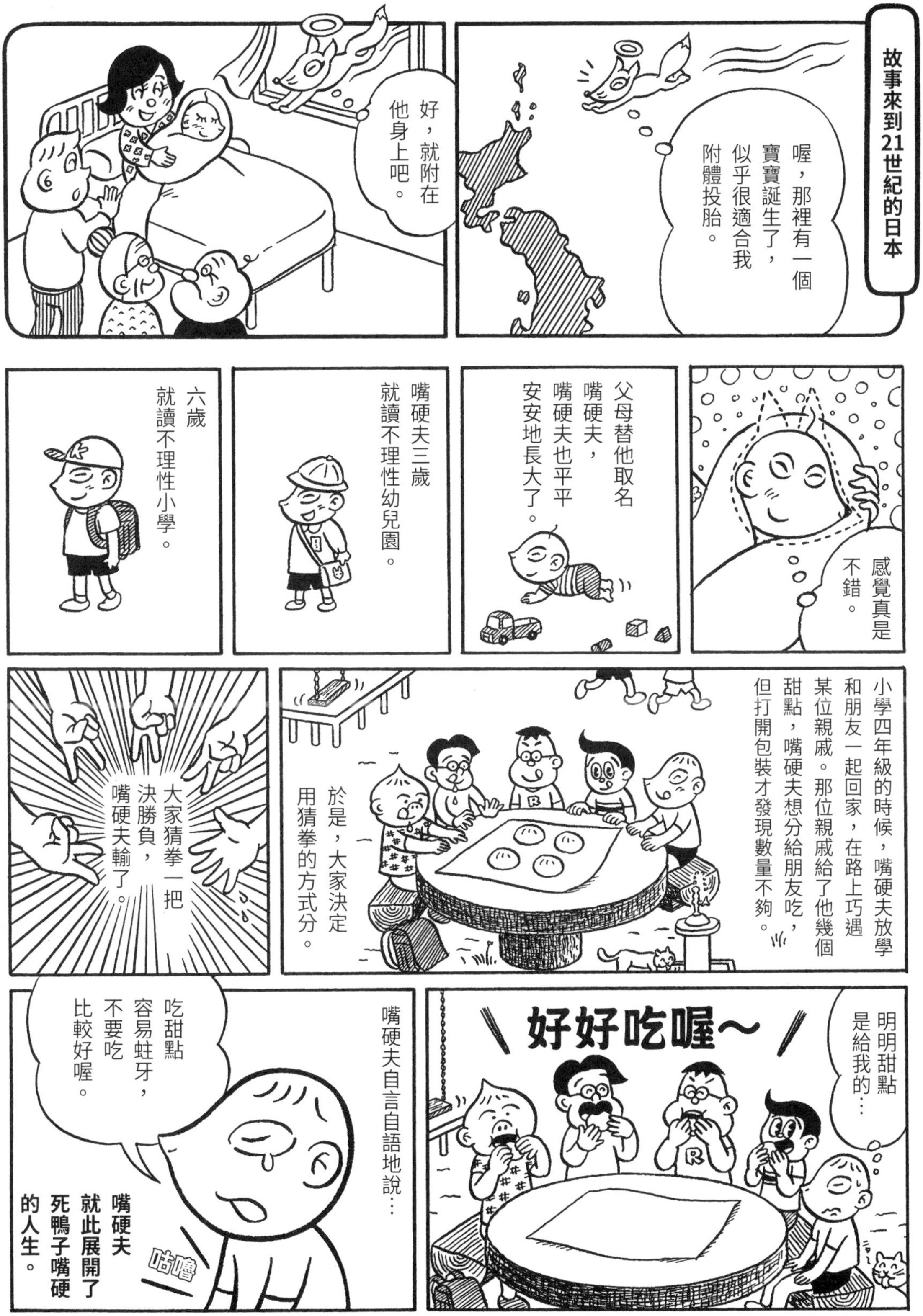
故事來到21世紀的日本
喔，那裡有一個寶寶誕生了，似乎很適合我附體投胎。
好，就附在他身上吧。
感覺真是不錯。
父母替他取名嘴硬夫，嘴硬夫也平平安安地長大了。
嘴硬夫三歲就讀不理性幼兒園。
六歲就讀不理性小學。
小學四年級的時候，嘴硬夫放學和朋友一起回家，在路上巧遇某位親戚。那位親戚給了他幾個甜點，嘴硬夫想分給朋友吃，但打開包裝才發現數量不夠。
於是，大家決定用猜拳的方式分。
大家猜拳一把決勝負，嘴硬夫輸了。
明明甜點是給我的…
好好吃喔～
嘴硬夫自言自語地說…
吃甜點容易蛀牙，不要吃比較好喔。
咕嚕
嘴硬夫就此展開了死鴨子嘴硬的人生。

中學一年級時，他一大早就去排隊買人氣電玩商品…
SALE!
快來！
耶～
請給我「不理性戰士」。
完売しました
剛好賣完囉。
太好了，買到了！
HF
玩遊戲就沒時間念書了，沒買到也好啦。
中學三年級時，他救了一個差點被車撞的小孩…
轟轟…
危險！
媽媽～
我剛買的牛仔褲…
嘩啦
不可以接近那個骯髒鬼喔。
我正想把新買的牛仔褲弄得破舊一點呢。
高中二年級時，他想了一個笑話講給朋友聽…
約翰去扶塔。
好無聊喔。
隔天
約翰去扶塔。
那是我的哏。
哈哈
好好笑
哈哈哈
哈哈哈
你好有趣喔～
真天才！
反正大家開心就好。
高中三年級時，本該十拿九穩的國立大學竟然沒考上。
放榜日
落榜…
FOX
考試當天，他搭的巴士遇上交通事故，害他沒準時到考場。
哼，私立的比較自由啦。
嘴硬夫的人生，就這樣充滿了挫折和自我安慰。
嘴硬夫表面上裝作不在意，晚上睡覺時卻經常暗自啜泣。
呵呵呵，我要害你一事無成，變成只會怨天尤人的傢伙。
出社會後，有一天嘴硬夫去參加朋友的生日宴會。
謝謝各位！
HAPPY BIRTHDAY!
HAPPY BIRTHDAY!

吃完飯後，嘴硬夫拿出葡萄給大家當點心吃。
看起來好甜！
不料，來的人數比他預期的還多，葡萄少了一串。
大家照慣例猜拳，嘴硬夫果然又輸了。
哼，反正我也不想吃葡萄。
那葡萄一定是酸……
話才說到一半，他暗戀的女孩子開口了。
嘴硬夫，我們一起吃吧！
愛實…
嘴硬夫，
你的運氣一向不好呢，這明明是你帶來的。
哇，受不了。
嗯？
那一瞬間，嘴硬夫感覺自己身上少了什麼重擔。

替不滿的情緒找到宣洩管道

——消除認知失調

開頭的《伊索寓言》中，
狐狸為了排遣吃不到葡萄的憤怒，
嫌棄葡萄又酸又難吃，
替自己摘不到葡萄的行為合理化。

而被狐狸附身的嘴硬夫，
在人生中面對各種倒楣的遭遇時，
也會說出各種違心之言，
來替自己的情境合理化。

當我們的期望無法實現，
好比想吃的東西吃不到，
心中就會產生不愉快的感受。
心理學稱之為「認知失調」。

為了消除認知失調，
我們會說一些言不由衷的話，
來保持心靈的安定。

——總之，
人類真是不理性的動物。

好、好酸。

1. 接下來請各位做一個性格診斷。請選一種你喜歡的動物，順著下面的分支前進，找到屬於你的性格診斷。

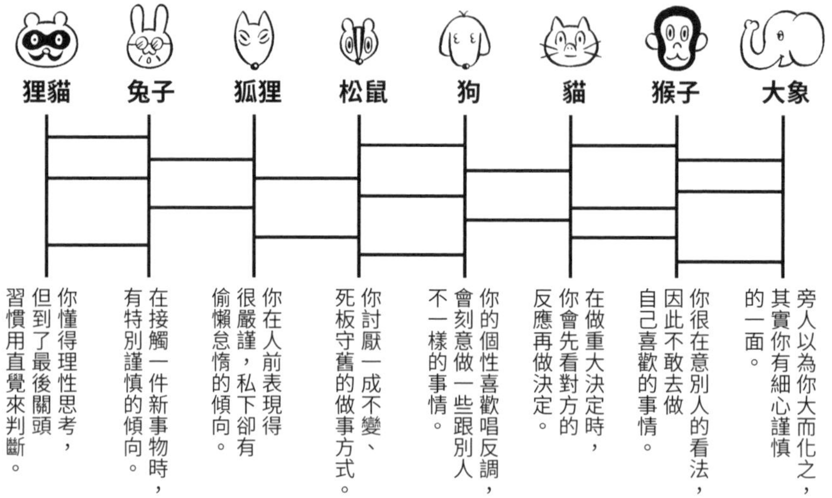
狸貓
兔子
狐狸
松鼠
狗
貓
猴子
大象
你懂得理性思考，但到了最後關頭，習慣用直覺來判斷。
在接觸一件新事物時，有特別謹慎的傾向。
你在人前表現得很嚴謹，私下卻有偷懶怠惰的傾向。
你討厭一成不變、死板守舊的做事方式。
你的個性喜歡唱反調，會刻意做一些跟別人不一樣的事情。
在做重大決定時，你會先看對方的反應再做決定。
你很在意別人的看法，因此不敢去做自己喜歡的事情。
旁人以為你大而化之，其實你有細心謹慎的一面。

2. 再來請將分支全部去掉，直接看下面的性格診斷。

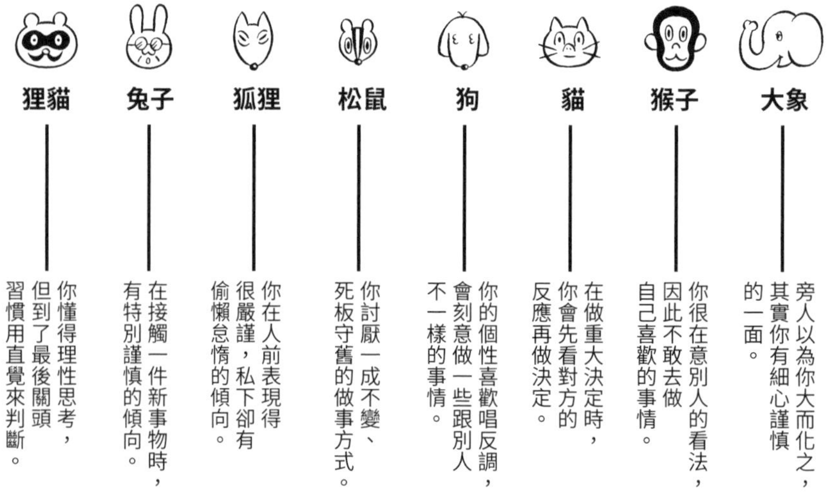
狸貓
兔子
狐狸
松鼠
狗
貓
猴子
大象
你懂得理性思考，但到了最後關頭，習慣用直覺來判斷。
在接觸一件新事物時，有特別謹慎的傾向。
你在人前表現得很嚴謹，私下卻有偷懶怠惰的傾向。
你討厭一成不變、死板守舊的做事方式。
你的個性喜歡唱反調，會刻意做一些跟別人不一樣的事情。
在做重大決定時，你會先看對方的反應再做決定。
你很在意別人的看法，因此不敢去做自己喜歡的事情。
旁人以為你大而化之，其實你有細心謹慎的一面。

各位覺得如何？你第一次連到的性格診斷，看起來是不是蠻準的？可是，第二次**直接看下面的性格診斷，好像也跟你的個性相去不遠**對吧？

其實，像這一類可以套用在任何人身上的性格分析，我們會根據提示的內容，做出跟自己情況相符的解釋。這種現象在心理學稱為「巴南效應」。

我們會相信占卜和性格診斷之類，可能就是「巴南效應」的關係。

第18話

「壓歲錢心臟病」篇

——損失規避法則

喜歡賭博的愛賭三郎，覺得單純給壓歲錢太無趣，因此和姪女小福打了一個賭。究竟小福能否順利拿到壓歲錢呢？

漫畫行為經濟學 第18話「壓歲錢心臟病」篇
不理性錯了嗎？
某一年元旦……
愛賭三郎（58歲）
好，難得小福來我家，今年多給她一點壓歲錢吧。
三郎叔叔，我等這一天好久了！
愛賭福（9歲）
不過，我們家族以嗜賭聞名，當然不能直接給妳壓歲錢。
愛賭三郎
我想到一個遊戲。
思考
火烤
名字就叫……
壓、歲、錢……
壓歲錢……
心臟病！
心臟病！
妳先看我左手的紅包袋，這裡面裝了3萬元。
再看我右手有兩個紅包袋！其中一個裝了6萬元！
3萬元！叔叔果然很有錢！
太棒了！
竟、竟然有6萬元!!
更驚人的還在後頭……
右手的其中一個紅包袋……

有多少？
0元
所以是空的嗎…
那麼，妳要拿左手的紅包袋呢？
還是從右手的紅包袋中二選一？
其中一個裝了6萬元
選這邊肯定有3萬元。
選這邊運氣好的話有6萬元，選錯就一毛都沒有了。
呃…
我決定了！
現在，問各位讀者一個問題。
如果你是小福，會選哪一邊？
請先決定再往下看。
我當然是選……
我最想要的5項禮物！
Rabbit Town

當然是選
3萬元的紅包！
只有這條路。
萬一選到空的紅包就慘了，當然是選3萬元平安入袋啊。
3萬可不是小數目！
妳也太沒志氣了。
真是愉快的新年。
然而，故事並沒有就此結束。後來小福練習打羽毛毽子⋯
打破
啊，我的名貴琉璃杯！
這東西的價值，你們全家賣腎臟都賠不起。
其實是抽獎抽到的。
叔叔對不起。
我會賠償的。
小福的爸爸也一起道歉。
低頭
有了!!
三郎似乎又想到有趣的賭博遊戲。
呵呵呵
0元
-3萬元
-1.5萬
這是什麼卡片？
左手邊這張是賠15000元。
右手邊是賠3萬元和0元。
妳抽到哪一張，就賠那個金額就好。嘿嘿。
當然，右手這兩張牌洗過好幾次了。

試問，各位會選哪一邊？請先決定再看下去！

討厭顯而易見的損失
——損失規避法則

小福在挑紅包時，
有考慮拿不到壓歲錢的風險，
所以選了一個最安全的選項，
並沒有接受三郎叔叔的挑戰。
可是，在決定賠償金額時，
小福認為肯定賠錢的選項不划算，
於是中了三郎叔叔的詭計，
決定賭一個不用賠錢的機會。

到頭來，小福的壓歲錢全泡湯了。
問題是，為何小福第二次做決定，
沒有像第一次那樣選擇安全牌呢？

第一次小福想要確實拿到壓歲錢，
所以選擇了3萬元的紅包袋。
其實照理說，
選擇賠償15000元比較合理，
畢竟那樣還剩下一半可用。
然而，人類都想規避眼前的損失，
所以小福才想要賭一個
不用賠錢的機會。

——總之，
人類真是不理性的動物。

換作是你，你會怎麼選？

現在有 2 個選項，
一邊是保證拿得到 300 萬元，
一邊是有 1/10 的機率拿到 3 億元。
請問你會如何選擇？

先來計算兩邊的期望值，所謂的期望值就是預期的成果。1/10 的機率拿到 3 億元，期望值就是 3000 萬元。相對地，保證拿到 300 萬元的期望值，自然就是 300 萬元。按照常理思考，兩邊的期望值差了 10 倍，是 3000 萬元對上 300 萬元，當然應該選有 1/10 機率賺到 3 億元的選項。可是，絕大多數的人都會選擇保證賺到 300 萬元的選項。

※ 期望值是用機率算出可預期的成果，用機率 × 金額來計算。

第19話 「最高檔的便當」篇
——參照依賴

中村富子乍看之下是個平凡的家庭主婦，實則擁有過人的觀察力和思考能力。究竟富子在日常生活中，看透了哪些不理性的人性呢？

漫畫行為經濟學 第19話「最高檔的便當」篇
不理性錯了嗎？
唧唧
好熱~
受到地球暖化影響，日本的八月創下35度以上的高溫。中村勝男參加完棒球社的晨練後，頂著大太陽回家。
我回來了。
涼爽
喔！好涼快~
歡迎回來，有冰的麥茶喔。
我要喝。
啊，復活了~
話說，家裡雖然涼爽舒適，但是不是有點冷啊？
哎呀，糟糕。空調是24度，難怪你會冷。
媽，你吹太涼了！
半年後
勝男練習完累個半死，想要趕快回家休息。
呼嘯~
好冷喔~
時序已經進入二月，日本卻遭逢罕見的寒流，白天氣溫也在冰點以下。中村勝男在冰天雪地中踏上歸途。
我回來了。
咻~
暖洋洋
喔！家裡好溫暖。
歡迎回來，有準備熱湯喔。
我要喝。
呼，復活了~
不過家裡雖然很溫暖，但是不是有點熱啊？
媽，你調太熱了。
哎呀，糟糕！空調是24度，難怪你會熱。
那一瞬間，富子感覺此情此景似曾相識，之前好像也有類似的情況。

聰明的讀者應該發現了，室溫同樣都是24度，
35°C
寒冷
24°C
-1°C
悶熱
24°C
但有時覺得冷，有時覺得熱。這是因為室內的體感溫度，和戶外氣溫互相比較所產生的結果。
歡迎回來
我回來啦，好冷～
中村家的富子，注意到了這個事實。
原來如此，同一件事跟不同的情境比較，感覺也不一樣。
當天夜晚
媽，我肚子餓了，有消夜嗎？
咕嚕～
你晚餐吃那麼多，現在還肚子餓啊？
嗯。
沒辦法嘛，我正值發育期，還有在運動啊。
現在只拿得出這點飯菜。
咦！
白飯、海苔、梅干？
我正在發育，這樣不夠啦！
有沒有肉類啊？
這點飯菜確實不夠啦…
有了！這時候要用比較的方式說服他。
媽，妳怎麼了…
勝男，你聽好了。假設你人在紐約，已經待了一個多月。
妳怎麼突然講這個啊？
你聽就對了。然後，你每天三餐都大魚大肉，一下吃厚切的煎牛排，一下吃濃郁的烤豬肉和烤全雞，不然就是勁辣的漢堡和油膩的炸雞。就算你一開始吃得很開心，吃十天就會覺得很痛苦對吧？再吃十天你就極限了。這時候，如果眼前有一碗白飯，你會怎樣？
我餓到受不了了！
開動囉！
大快朵頤
吃飯配海苔，超讚！
梅干真好吃！
媽，消夜好好吃喔！
Good Job!
中村富子只是提出一個比較對象，沒想到效果奇佳，令她非常驚訝。

隔天早上
啊，糟糕！我睡過頭了!!
起身
富子前一晚熬夜，因此賴床到很晚才起來。
怎麼辦，沒時間做便當的配菜了！
有了！
叮咚叮咚～
終於等到午休了。
吃便當囉～
我原本想早一點吃便當，但還是忍下來了。
咕嚕
你的便當，有什麼菜色？
煎蛋捲和香腸啊？
真好～
你的呢？
海苔包飯和鮭魚？
超棒的！
中村你的呢？
嗯？
有一封信？
咦？你的便當一直都有附信嗎？
沒，這是頭一遭。
什麼信？
邊吃邊看這封信！
打開
哇，是典型的梅干便當！
信上寫什麼？
快想起媽媽昨天跟你說過的話。假設你人在紐約，已經待了一個月。你每天三餐都大魚大肉，像是：
厚切煎牛排
濃郁的烤豬肉
烤全雞
勁辣的漢堡
油膩的炸雞
就算你一開始吃得很開心，吃十天就會覺得很痛苦對吧？再吃十天你就極限了。這時候，如果眼前有梅干便當，你會怎樣？
可惡，真好吃！

受到參考基準影響，改變價值判斷
——參照依賴

勝男家的室溫同樣都是24度，
但剛頂著35度的高溫回到家中，
就會覺得這個溫度有點冷。
而從零度以下的低溫回到家中，
就會覺得這個溫度有點熱。
因為跟戶外氣溫相比，產生了兩種極端的感受。

另外，對發育中的勝男來說，
消夜只吃白飯根本不夠，
他對白飯大概也沒什麼食欲。
不過，他聽從母親的話，
想像自己一個月來吃盡了大魚大肉，
沒想到白飯吃起來就變得美味萬分。
這就是和想像中的食物做比較，
影響到勝男對白飯的評價。

我們在評價一樣事物時，
採用的並不是絕對的評價方式，
而是跟某個基準（參照）來做比較，
進而決定其價值。所以，當參照改變，
同樣的事物也會有完全不同的價值。

——總之，
人類真是不理性的動物。

中村平八的參照依賴測試 其①

實驗未完待續……

中村平八的參照依賴測試 其②

第20話

「漢字隨堂考」篇
——錯誤相關

想入緋緋子就讀不理性女子高中，某天早上到學校以後，她才發現自己忘了帶鉛筆盒。偏偏第一堂課有漢字的隨堂考，緋緋子只好跟隔壁的同學借筆考試，這時她注意到了一件奇怪的事情。

漫畫行為經濟學 第20話「漢字隨堂考」篇
不理性錯了嗎？
想入緋緋子17歲，就讀不理性女子高中，某一天早上…
啊，糟糕！
我忘記帶鉛筆盒了。
早安
叮咚叮咚
叮咚叮咚
第一堂課是國文課。
全體起立
敬禮
坐下
雖然沒有事先知會各位，
嘿嘿，但我今天打算進行第三章的漢字隨堂考。
新里弁太（58歲）
咦～怎麼這樣～
難怪會被離婚！
考什麼漢字啊～
死變態
差勁！
借我一支筆好嗎？
好啊～
謝謝妳。
緋緋子寫著考卷表情若有所思。
她突然想到，
以前也發生過類似的事情…
啊，糟糕！
我忘記帶鉛筆盒了。
叮咚
叮咚
全體起立
敬禮
坐下
雖然沒有事先知會各位，
但我今天打算進行第二章的漢字隨堂考。
真的是～變態～
虐待學生很有趣嗎？
不要笑得那麼噁啦！
你一定是跟老婆吵架了吧！
借我一支筆好嗎？
抱歉，
好啊～

考完試，緋緋子陷入沉思。
好痛
第二堂課
是不是…
第三堂課
我…
第四堂課
每次忘記帶鉛筆盒，
午休
就會遇上隨堂考？
第五堂課
這推測…
第六堂課
不無道理對吧？
肯定是這樣沒錯。
若真有此事！
緋緋子想到了一個主意。
幾天後的早上
緋緋子，妳忘記帶鉛筆盒了。
噠噠
噠噠
沒關係，我今天是故意不帶鉛筆盒的。
其實她昨晚熬夜，
惡補國文第四章漢字，
準備應付考試。
全體起立
敬禮
坐下
今天呢…
嘻嘻嘻
終於讓我等到了！
上次夏目漱石的《心》才讀到一半，
我們繼續。
咦？竟然不是隨堂考？
震驚
我還故意沒帶鉛筆盒耶～
別氣餒，緋緋子！努力學習漢字，對妳未來有幫助啊。

這裡是新里弁太的家
呼，好累喔～
呵呵呵
隨堂考雖然有趣，但改考卷很累啊。
這次題目一樣很難，
終於改完了！
呵呵呵
對了！今天是樂透開獎的日子。
弁太到客廳看報，大吃一驚。
喔喔！
他的樂透對中了3000元的獎！
開心！
這時他想到……
對了，之前也有同樣的情況。
幾天前
好，改完考卷了。
來看樂透開獎吧。
喔喔喔，中了！
中了3000元！
弁太領悟了某個道理。
對了，以後我就挑樂透開獎日，
舉行隨堂考好了…
全體起立
敬禮
坐下
今天呢…
嘻嘻嘻
終於讓我等到了！
上次夏目漱石的《心》才讀到一半，
我們繼續。
咦？竟然不是隨堂考？
震驚
我還故意沒帶鉛筆盒耶～

老師！你今天為什麼沒考隨堂考？
請解釋一下！
妳在說什麼莫名其妙的話啊？
整天想些有的沒的，
呵呵呵
對妳沒好處啦。
當天下班回家
頭獎 1.5 億元!!
咦？
你、你要買15萬元的彩券…？
我要買15萬元的彩券！
呵呵呵
呵呵呵，下次開獎日我會進行隨堂考，包準中獎啊。
這個人還好嗎？

誤以為無關的兩件事物互有關聯

——錯誤相關

緋緋子深信，每次忘記帶鉛筆盒就會遇上隨堂考，因此故意沒帶鉛筆盒，想要操控隨堂考發生的時機。不消說，她的計畫徹底失敗了。

新里老師也犯了同樣的毛病，他以為在進行隨堂考的那一天對獎，彩券就一定會中獎。因此，他刻意選在開獎日考試，試圖靠這種方法賺外快，想當然他也失敗了。

我們經常把自己碰到的兩件事情，擅自做出連結，認為兩者一定有某種關聯。這種現象就稱為「錯誤相關」。

好比漫畫中舉行隨堂考的日子，緋緋子除了忘記帶鉛筆盒以外，照理說應該還有碰上其他事情。不過，隨堂考和忘記帶鉛筆盒這兩件事比較特別，她就把這兩件事聯想在一起，以為沒帶鉛筆盒就會考隨堂考，其實這是毫無根據的推論。

——總之，人類真是不理性的動物。

一週後
失落
為什麼？我今天有考隨堂考啊…
15 萬打水漂了～

第21話

「免費誘惑大作戰」篇

——偏好逆轉

勉前夫妻在百貨公司的美食街享用午餐，餐桌上的文宣引起了他們的興趣。餐廳釋出的各種行銷策略，影響了夫妻二人的判斷力……

漫畫行為經濟學 第21話「免費誘惑大作戰」篇
不理性錯了嗎？
這裡是東京池袋的S百貨公司美食街。
這裡的午餐很好吃呢。
勉前德代
勉前好太
才270元，價格很划算呢。
低價策略已經不合時宜了。
光靠低價吸引客人，營收不會有任何起色。
啊，老公你看這個。
消費滿600元，可折抵停車費180元。
對耶，我們現在只花540元，但還有180元的停車費啊。
所以我想了新招，叫免費誘惑策略。
那什麼鬼啊？
唉，我是叫你多一點些菜啦。
MENU
咦？妳還要點什麼？
現在每天來光顧的客人減少而我們無力扭轉這個現象，因此只能提升每位客人的消費額了。
願聞其詳。
加點咖啡！120元對吧？
這樣就滿660元了，停車免費。
喂，妳看這邊還有耶。
咦！消費900元，送免費餐券？
比方說，
消費滿600元，一小時180元的停車費全免！
全免
為慶祝開店五周年，現在消費滿900元，即送180元的餐券。
還差240元。
就能拿到180元的餐券了。
再來利用開店五周年的名義。
消費滿900元，送餐券。
円
加點一個草莓蛋糕，然後給他一杯咖啡。蛋糕150元對吧？
這下就930元了。
呵呵，蛋糕好吃，還有免費餐券可領…
這種時候她算術特別好。
不只如此。
還有？
拍

你說什麼!?
啊！
停車超過一小時，還要加收180元！沒那個閒工夫吃蛋糕了啦。
請看這裡！
消費滿1200元，加送一小時免費停車優惠。
喔喔～
外帶一份咖啡和蛋糕。
這樣就滿1200元了。
確實這樣就不用多繳停車費啦，但何苦勉強吃蛋糕…
客人的客單價順利增加了。
4000
2000
1800円
2200円
2800円
3600円
呵呵呵
結果我們光吃一頓午餐，就花了1200元。
我們性格節儉，怎麼會花這麼多錢呢…
營收增加，我也有績效獎金可領。
幹得好啊。
感覺有夠吃虧的。
不對，這種手法我似乎有點印象…
既然領到獎金，今晚上網買些東西吧。
真期待～
匡啷匡啷
為各位介紹，這位愛網購的生駒進（32歲．已婚）
對了！我們公司最近也擬訂了同樣的策略。
轟隆隆
你在笑什麼？
領獎金的事還是不要告訴她好了。
阿進的老婆小堇

其實，有部小說我一直很想看。
啊哈哈
幾天前在會議室⋯
過去營收不錯的網購，最近營收也下滑了。
勉前課長
上下兩集要540元。
咦？
消費滿600元，免100元的運費!?
不如我們公司也來辦個滿額免運的活動。
那再買一本《BRUTUS》好了，加上200元，等於740元。
等一下，消費滿900元加送150元的購物禮券!?
搞什麼飛機啊！
啊哈哈
不只如此，
消費滿900元的，再送他們150元的購物禮券！
那就順便買啤酒吧，反正都要喝的。再加上啤酒的360元，總計1100元，這下可以領到150元禮券了！真划算！
總之，一定要盡量提升，
每個消費者的消費金額。
咦？
消費滿1200元，還送8GB隨身碟(價值150元)!?
消費滿1200元的消費者，
再送他們150元的隨身碟！

好，再買120元的保健維他命來吃吧。
ICE BAR
有了這些方案，消費者會不自覺花更多錢。
免運費，又拿到150元的禮券和隨身碟，但為何我有吃虧的感覺……
嗶嗶
BEER
只要嘗過貪小便宜的感覺，就再也戒不掉了。
呵呵呵

「免費」會影響我們的判斷力
——偏好逆轉

勉前夫妻本來只點了美味又划算的午餐，但他們看到消費滿600元可折抵停車費，還有消費滿900元可領餐券的訊息，反而多花了好幾倍的錢吃飯。

生駒進上網購物也犯了同樣的毛病，他看到消費滿600元可免運費，還有消費滿900元可領150元禮券等訊息，也多花好幾倍的錢，買下小說以外的商品。

按常理判斷，其實不該多花錢買不必要的東西，但一般人看到「免費」這兩個字，就算明知開銷增加，也會說服自己買下不必要的商品，就只為了嘗到「免費」的甜頭。

正因為人類有貪小便宜的習性，世上才有一大堆打著「免費」名義的陷阱。

——總之，人類真是不理性的動物。

有免費優惠可用，餐點吃起來更美味了呢。
不過，為了貪那一點停車費，到頭來她還是會點超過600元啊。
我用150元的禮券買漫畫好了。啊，不過要湊免運，得買超過600元。
噗滋
BEER

小彩與克彥

其②

克彥先生…
嗯～
A套餐 400元
B套餐 450元
轉身
A套餐 400元
B套餐 450元
往上加一個 500元的S套餐。
B套餐 400元
A套餐 450元
S套餐 500元
A套餐
A套餐
A套餐
A套餐
小彩…

老闆，大家都點
390 元的 B 套餐，
而 450 元的 A 套餐
乏人問津啊……

我有好主意！

再加一個比 A
更高檔的 S 套餐，
賣 500 元！

客人 1：我要 A 套餐
客人 2：我也要 A 套餐
客人 3：A 套餐比較好
客人 4：B 套餐不夠好，
S 套餐又太貴…

好厲害，
客單價確實提升，
營收也變好了。

是啊，呵呵呵。

其實，克彥這種
機關算盡的個性，
我實在信不過……

行為經濟學解說 2【極端趨避】

這一篇漫畫跟第 10 話（見 P. 63）一樣，都是在談「極端趨避」的現象。人們在面對好幾個選項時，會傾向於選擇中庸的選項。

第22話

「加入秘傳醬汁的特製拉麵」篇

——安慰劑效應

有時候把毫無效果的安慰劑拿給病人服用，反而會產生實際的療效，這又稱為「安慰劑效應」。不過，安慰劑效應的效果，其實不只限於醫學的領域。

漫畫行為經濟學 第22話「加入秘傳醬汁的特製拉麵」篇
不理性錯了嗎？
拉麵街有一家歷史悠久的中華餐館，叫作不理性亭。
由知名的大廚掌廚。
嗯？
大廚，店長找你。
改善建議？
沒錯。
明天開始賣新菜色，
加入秘傳醬汁的特製拉麵！
加入秘傳醬汁？
秘傳
請先等一下。
突然要我開發新菜色，還要加入秘傳醬汁？過去我們沒做過那種東西啊。
太強人所難了。
一樣的？
不用擔心啦，你就照以前那樣煮拉麵，名字改成特製拉麵就好了。
不然，裝麵的碗換成高級品總行了吧？
哈哈哈
只換裝麵的碗？
這太胡來了。
少廢話，
給我做。
隔天
大廚逼不得已，只好乖乖聽從店長的指示，把普通拉麵當成特製拉麵端給客人。
沒想到客人的反應是……
雖然貴了點，但很好吃耶。
不愧是加了秘傳醬汁的特製拉麵，味道差很多呢！
用高級的碗
客人非但沒有察覺，生意還愈來愈興隆。
呵呵呵
明明材料都一樣，卻能賣更高價，賺啊。

店長！
我不想再做這種欺騙客人的事了！
你講這麼大聲，是怕客人聽不到喔，笨蛋！你自己看，客人都吃得津津有味啊，大家吃得開心就好，有什麼問題？
怪了，店員在吵架？
好好吃～
難道你要說他們的反應是假的嗎？
幾天後
拉麵街
店鋪新推出特製秘傳醬汁拉麵
以後，大廚是愈來愈煩惱了。
牛丼
有一天他在回家的路上，決定去找個人算命。
占卜街
就算薪水再高，我也不想做那種騙人的拉麵。乾脆跳槽去其他餐廳好了……
不過，現在兒子出生，我有妻小要養，還是找個人算算吧。
啊！
大廚在占卜街看到一家店。
西藏占卜
前往西藏苦修才學到的占卜術，保證鐵口直斷！
這算命仙真厲害，去西藏苦行才學到高深的占卜術啊！
Tibet
西藏占卜
好，請他看一下我未來該何去何從。
安分做事
跳槽
喔
又有客人來了。那個招牌真有效，我提高收費，客人反而變多了呢。
果然，我前幾天得到的啟發
當真管用啊。

幾天前
最近客人好少啊。
空蕩蕩
占卜街也發展了一段時間，
街上出現不少競爭對手，
自然分掉了客源。
占卜街
四柱
手相
開運
占
占卜街
冷颼颼
算命仙覺得心寒，想吃點溫熱的拉麵再回家。
PACHINKO
拉麵街
不思議亭
不理性亭
喔，這家店生意變好了？
終於排到了！
咦？
有新菜色!?
登登
新菜色
大廚在廣州遍尋五年，終於找到製作拉麵的秘傳醬汁!!
加入秘傳醬汁的特製拉麵，
「大廚在廣州遍尋五年，終於找到製作拉麵的秘傳醬汁。」感覺好厲害啊，就點這個吧。
這就是加入秘傳醬汁的湯頭啊！跟濃烈的調味比起來，那深奧的鮮味，
真是令人百吃不厭啊！而且，麵條似乎更柔嫩有彈性……
這時，內場傳來聲音。
真好吃～
他聽到奇怪的笑聲，還有對話。
呵呵呵
明明材料都一樣，卻能賣更高價，真好賺啊。

接著，他又聽到有人爭執的聲音。
咦？
店長！我不想再做這種欺騙客人的事了！
你講這麼大聲，是怕客人聽不到喔，笨蛋！你自己看，客人都吃得津津有味啊，大家吃得開心就好，是有什麼問題？難道你要說他們的反應是假的嗎？
咦？
不會吧!?
這麼好吃的拉麵，竟然就是我平常吃的拉麵？
等一下，
我想到了!!

信以為真的力量會改變認知
——安慰劑效應

拉麵店老闆把普通拉麵當成「添加秘傳醬汁的特製拉麵」來賣。來嘗鮮的客人沒發現自己當了冤大頭，還給予相當高的評價。

算命仙聽到大廚和店長爭執的內容，想到了一個增加客源的方法。他標榜占卜術是從西藏學成，成功獲得了客人的青睞。

這兩者只是隨便用了一些冠冕堂皇的詞藻，客人卻信以為真，認為特製拉麵真的有比較好吃，甚至相信占卜特別靈驗。

這種心理現象稱為「安慰劑效應」，本來是指病人服用毫無療效的藥物，結果反而出現實際療效的狀況。

把平凡無奇的東西講得很神奇，或是賦予高價，可以讓人們相信那樣東西的正當性，進而影響到他們對那樣東西的感覺。

——總之，人類真是不理性的動物。

發現！這其中也有不理性錯了嗎？

市面上確實販賣著「安慰劑」

現在市面上已經買得到販賣安慰劑了，其中的成分並沒有實際的療效（詳見照片）。

這種安慰劑叫「PlacePlus」，由 Placebo 製藥公司製造販售。那麼，該企業生產的安慰劑是拿來做什麼用的呢？

這項商品不是要發揮安慰劑效應暗示的具體療效，而是為了不吃藥就坐立難安的老年人，讓他們服用安慰劑，可以減輕心中的不安。由於並不是真正的藥物，自然不必擔心副作用的問題。

而為了讓老人家相信這是真正的藥物，廠商把麥芽糖做成和藥錠相同的的尺寸和形狀，就連外包裝都做得幾乎一模一樣。

換言之，安慰劑不只是用來測試心理效果的實驗道具，現實社會中也有人用來達成特殊的目的。

順帶一提，Placebo 製藥公司的標語是**「用偽物為人服務」**。使用安慰劑不僅有降低醫療成本的效果，善意的謊言也能降低長照的負擔。

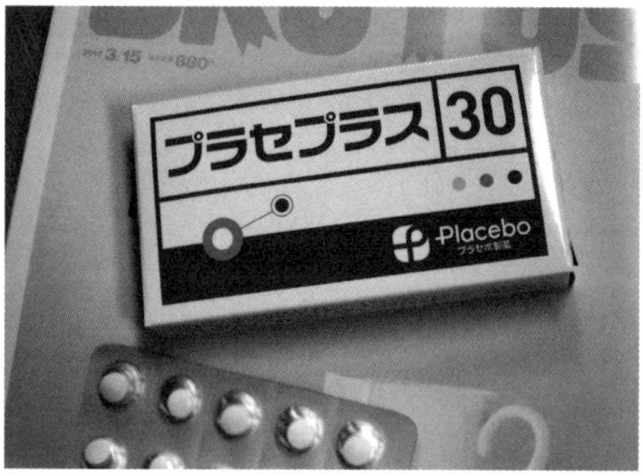

Placebo 製藥公司以正面的態度善用假貨，追求更高品質的醫療行為，其實也是一種誠懇的企業理念。

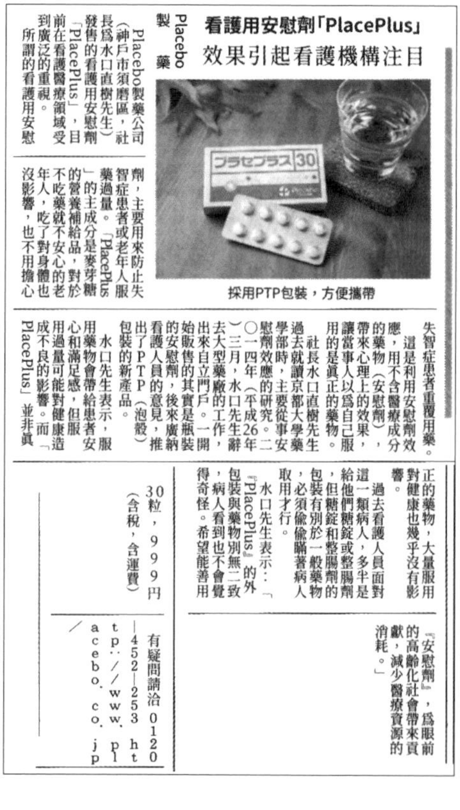
看護用安慰劑「PlacePlus」
效果引起看護機構注目
Placebo 製藥

Placebo製藥公司（神戶市須磨區，社長爲水口直樹先生）發售的看護用安慰劑「PlacePlus」，目前在看護醫療領域受到廣泛的重視。所謂的看護用安慰劑，主要用來防止失智症患者或老年人服藥過量。「PlacePlus」的主成分是麥芽糖的營養補給品，對於不吃藥就不安心的老年人，吃了對身體也沒影響，也不用擔心失智症患者重覆用藥。

採用PTP包裝，方便攜帶

這是利用安慰劑效應，用不含醫療成分的藥物（安慰劑），帶來心理上的效果，讓當事人以爲自己服用的是眞正的藥物。

社長水口直樹先生過去就讀京都大學藥學部時，主要從事安慰劑效應的研究。二〇一四年（平成26年）三月，水口先生辭去大型藥廠的工作，出來自立門戶。一開始販售的其實是瓶裝的安慰劑，後來廣納看護人員的意見，推出了PTP（泡殼）包裝的新產品。

水口先生表示，服用藥物會帶給患者安心和滿足感，但服用過量可能對健康造成不良的影響。而「PlacePlus」並非眞正的藥物，大量服用對健康也幾乎沒有影響。

過去看護人員面對這一類病人，多半是給他們糖錠或整腸劑，但糖錠和整腸劑的包裝有別於一般藥物，必須偷偷瞞著病人取用才行。

水口先生表示：「『PlacePlus』的外包裝與藥物別無二致，病人看到也不會覺得奇怪。希望能善用『安慰劑』，爲眼前的高齡化社會帶來貢獻，減少醫療資源的消耗。」

30粒，999円（含稅，含運費）

有疑問請洽0120—452—253 http://www.placebo.co.jp/

二〇一五年九月七日號《日刊經濟》（日刊經濟新聞社）

※ 用偽物為人服務。placebo.co.jp

第23話 「心理的距離感」篇

——雙曲折現

大介參加大學考試，一家人卻鬧得雞飛狗跳。大介的表哥和表姊都考上名校，讓大介一家倍感壓力。但兒子對遠房親戚考取名校，其實並沒有什麼感覺。父親看到兒子的態度，腦海中浮現了一個情境。

漫畫行為經濟學 第23話「心理的距離感」篇
不理性錯了嗎？
大介，你之前考試全軍覆沒了對吧？就剩一間國立的了。
失落
你阿姨的兒子善太，考上了早稻田大學。
阿昇
見榮子
佳子
大介
善太
考上早稻田！！
洋二家的小百合也考上慶應，你讓我很沒面子。
失落…
大介
善太
佳子
洋二
小百合
考上慶應！！
兩個同輩親戚考上名校，確實是不小的壓力。
老公，你也說他幾句啊。
對了，我姊夫的大姊洋子好像有說過，她丈夫的外甥考到上智大學喔。
洋子？
誰啊？
遠房親戚考上名校，我是沒什麼感覺啦。
對耶，遠親沒效啊，抱歉抱歉。
老公！
這時，父親腦海中浮現了一條大道。
看到眼前有人歡慶金榜題名，
萬歲！
考上了～
這對落榜的人來說是種折磨…
拜、拜託你們住手～
反之，如果金榜題名的人在遠方慶祝，
一來看不清楚對方是誰，二來連對方在幹麼都看不出來。

不過，一個月後
全家人一起出國旅行，這還是頭一回呢。
滿心期待
而且是去法國。
多虧了大介考上國立大學啊。
運氣好考上的啦。
哈哈哈
哈哈哈
媽妳那話過分了。
哎呀！老婆，我們住的旅館附近，有一家不錯的美術館喔，走2公里就到了。
喔，真好。一定要去看看。
不錯喔，盡情欣賞美術之都！
nike
於是，一家人前往法國巴黎。
轉眼到了第五天
老婆，今天別去血拼了，去逛美術館吧？
嗯？
離旅館多遠啊？
2公里。
2Km
好麻煩喔～
2公里太遠了啦，我本來以為很近的。
還沒出國的時候他們都很想去的啊？怎麼搞的……
這時，父親腦海中又浮現了一條大道。
在日本的時候，巴黎的美術館和旅館感覺差沒多遠。
HOTEL
實際到了旅館，才覺得美術館很遙遠。

這位一家之主名叫阿昇（65歲），是不理性物產的總務部長。
他能坐上這位子全靠德高望重，也快退休了。
一年前，大學時代的好友森川向他借30萬元，今天正好是要還錢的日子。
三十萬還你。
還有利息三千元，感謝啊。
其實，有件事想跟你商量一下。
什麼事啊？
你這三十萬元，再借我一週可好？
和一年相比，一週根本沒幾天。我會再多付三百元當利息的。
一週
整整
一年
的
時
間
這～
各位，如果你是阿昇，會如何答覆？
不好意思，這三十萬元我現在就要。
這樣啊……
……
再會啦…
幾天後
這次換高中時代的朋友清水來找阿昇了。
我出不起母親的看護費用，借我三十萬好嗎？我一年後一定還你。
你母親生病啊…
阿昇把前幾天拿到的三十萬元借給朋友。
謝謝!!大恩沒齒難忘！利息付你三千元。
不料隔天
清水再度來訪。
不好意思，昨天我答應你一年還錢，但可否多給一週？利息我會再多給你三百元。
這——
各位，換作你，會如何答覆？
好啊。不過，多寬限一週就跟你收三百元利息，真不好意思啊。

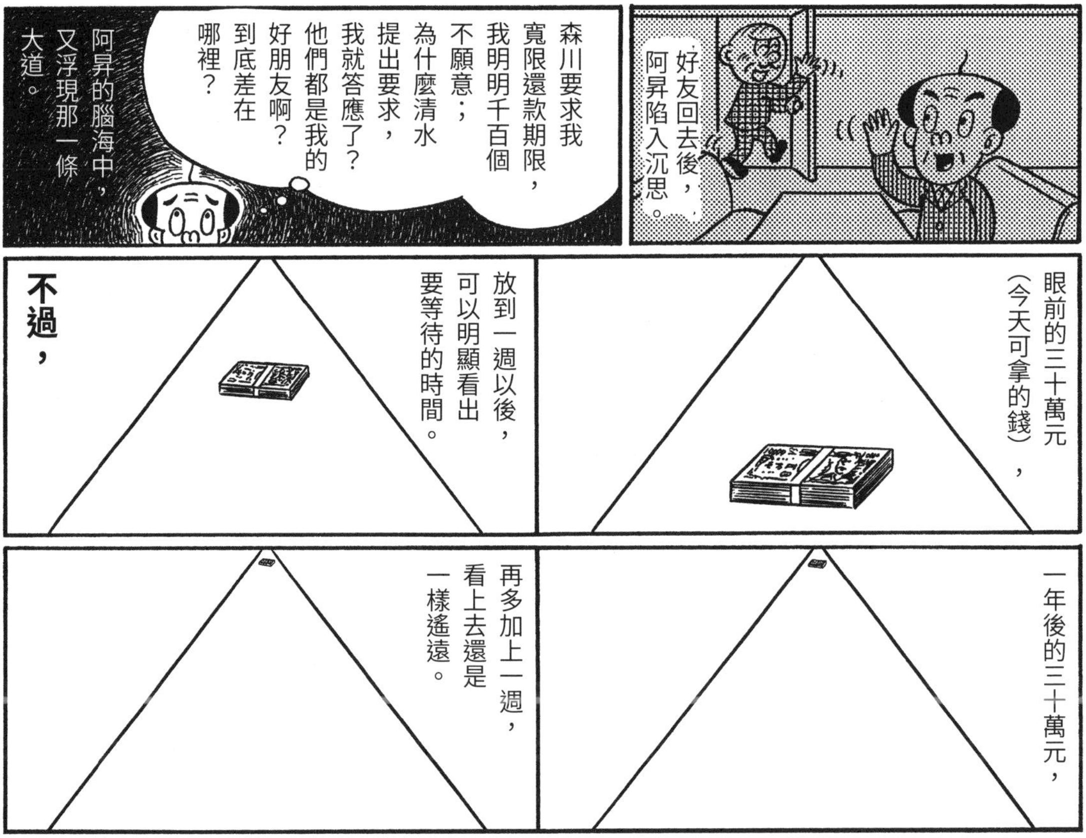
好友回去後，阿昇陷入沉思。
森川要求我寬限還款期限，我明明千百個不願意；為什麼清水提出要求，我就答應了？他們都是我的好朋友啊？到底差在哪裡？阿昇的腦海中，又浮現那一條大道。
眼前的三十萬元（今天可拿的錢），
放到一週以後，可以明顯看出要等待的時間。
不過，
一年後的三十萬元，
再多加上一週，看上去還是一樣遙遠。

離自己很遙遠的事，感覺不出差異

——雙曲折現

如果給各位兩個選項，一個是現在拿3000元，另一個是一年後拿3300元，請問你要選哪一個？大部分人都會選擇現拿3000元吧？畢竟一年後的3300元感覺太過遙遠，有畫大餅之嫌。

故事中的阿昇也面臨同樣的抉擇，當他馬上就拿能到30萬元的時候，他就再也不想多寬限一週了，就算多300元利息也一樣。可是，當他一年後才能拿到30萬元，他不僅多寬限了一週，還冷靜判斷拿利息的好處，欣然接受了請求。同樣是寬限一週，但一年後和現在，兩者的差異影響了他的判斷。

近期發生的變化，感覺起來比很久以後發生的變化還要強烈，行為經濟學將這種心理現象稱為「雙曲折現」。

我們不只對時間有這樣的感覺，好比對遠房親戚的關心，同樣比不上對近親的關心；在日本看國外的2公里，跟實際去當地走2公里，感覺起來也有很大的差異。人際關係的親密程度，還有物理上的距離也會受到雙曲折現的影響。

——總之，
人類真是不理性的動物。

考上啦！

行為經濟學還有許多趣味的主題，礙於篇幅沒有畫出來，以下介紹幾個給大家認識。

【沉沒成本效應】

當我們在考慮如何處置賠本的事業時，可能會捨不得已經耗費的時間、財力、勞力，**無法做出壯士斷腕的決定，最後愈陷愈深**。畢竟前面已經努力那麼久了，現在終止就什麼也不剩了。大家都期望再撐一下，情況就會好轉。

這種已經無法回收的時間、財力、勞力，在經濟學中稱為「沉沒成本（sunk cost）」。明知未來也無法回收這些成本，卻捨不得過去的開銷（沉沒成本），而做出不合理的決定拖延下去，這種心理現象就稱為「沉沒成本效應」。

比方說，你花了1500元去吃到飽餐廳，明明已經吃很飽了，卻還想多吃一點回本，結果不小心吃太多。或者，你在網拍不斷競標一樣商品，明明價格已經超出預算了，但還是不願意放棄，繼續出手競標。在我們的日常生活中，常有這種沉沒成本的現象發生。

【預設效應】

一開始就預設好的狀態稱之為「預設值」。我們在做決定時，很容易受到預設值影響。

比方說，日本在舉辦眾議院選舉時，還有一項「最高法院大法官國民審查」，審查文件上有一段話是這樣的「選民認為不適任者，請在其姓名上方的欄位打叉」。

對我們這些負責審查的選民來說，要刻意否定一個陌生的法官，這其實是一種心理壓力相當大的行為。換句話說，一般人都會覺得「麻煩」。所以，大家幾乎不會打叉，而是保持一開始空白欄位的狀態。這種**不願意改變預設值的心態**，在心理學和行為經濟學的領域中，就稱為「預設效應（default effect）」。

以剛才提到的大法官國民審查來說，過去就從來沒有發生大法官被罷免的情況。據說，與預設效應有很大的關係。

【錯誤共識效應】

不消說，我們跟其他人溝通時，無法窺知對方內心的想法。所以，我們只能憑藉過去的經驗、知識、推理能力，猜測對方的言行舉止有何用意。有時候，我們會忘記這一點，誤以為別人跟我們有同樣的想法。

比方說，別人討厭你愛吃的食物，你可能會質疑對方的飲食品味。事實上，每個人對食物都有自己的偏好，這是理所當然的事情。但我們常會忘記好吃與否純屬主觀判斷，甚至產生自以為是的心態，否定別人的看法。

把自己的意見視為普遍而正當的看法，不肯接受其他人的意見，這種武斷的心態就稱為「錯誤共識（false consensus）效應」。

【峰終定律】

我們在回憶過去的體驗時，習慣**把過程中最鮮明的印象，和結束時的印象互相折衷，這是一種很有趣的傾向**。在行為經濟學中稱為「峰終定律（peak-end rule）」。

以看牙醫為例，先接受痛苦的治療，再接受比較不痛苦的治療，照理說治療的時間，比單純做痛苦的治療還要來得久，但患者就是會覺得比較不痛苦。

【確定性效果】

首先，請從A和B這兩個區塊當中，至少找到一個「右」字。

A：
左左左左左左左左左
左左左左左左左左左
左左左左左左左左左
左左左左左左左右左

B：
左左左左右左左左右
左左右左左右左左左
右左左左右左左右左
左左右左右左左右左

A區塊只有一個「右」字，要找出來並不容易；但B區塊有很多「右」字，要找出來可謂輕而易舉。

同樣的道理，要在一個已經相當完美的事物中，找出不完美的地方，改進到更加完美的地步（100％），遠比改進一個不完美的事物還要困難許多。不過現實社會中，很多企業明明已經擁有極高的市占率，卻過於追求完美（100％的市占率），因而耗費鉅額的投資提升既有的市占率。其實冷靜思考就會發現，把資金挹注在尚未開拓的新市場，可以獲得較高的成長率，成本費用也更低廉。

人類太過追求完美，經常忽略性價比，非得達到十全十美才甘心。這種心態就稱為「確定性效果（certainty effect）」。

【確認偏誤】

接下來會依序出示三個數字，這三個數字有某種規律存在。按照這個規律，下一個出現的會是什麼數字？

5—10—15—（?）

想必各位都看出來了，5、10、15是5的倍數。因此，下一個答案照理說是「20」。當然，這個答案是正確的，但只有這一個答案嗎？

如果下一個出現的數字是「16」呢？

其實根據規律，這也是正確答案。按照這個數字排列，規律就會變成「後面的數字比前面的數字大」。因此，根據新的規律，16、17、18、233都會是正確答案。

可是，我們通常會**依照直覺，找出一個看似正確的答案，然後固執己見，再也不願意接受其他答案的可能性**。這種武斷的偏誤就稱為「確認偏誤（comfirmation bias）」，對我們日常生活中的判斷有很大的影響。

【選擇的弔詭】

我們在日常生活的各種情境下，必須從許多選項中做出「選擇」。好比去超市購物、決定要看哪一台電視、煩惱要念哪一間學校等等。

本書中也介紹過一些和選擇有關的趣味主題。好比「誘餌效應」（見P.51）就是安排比較對象，誘發人們做出積極抉擇。「極端趨避」（見P.63）則是一種迴避極端選項的人性。

事實上，除了上述提到的理論，人類還有很多關乎抉擇的有趣行為。當可供選擇的項目太多的時候，人類反而無法做出抉擇，這又稱為「選擇的弔詭」。哥倫比亞大學教授希娜．艾恩嘉（Sheena Iyengar）舉行的果醬實驗，就是一個非常有名的案例。

她在某間高級食品店裡，設置了兩個果醬試吃專區。一個專區擺放6種果醬，另一個專區擺放24種果醬。每一個試吃的客人，都可以拿到折價券。有24種果醬的試吃專區人潮比較多，但使用折價券購買的客人，反而比較少。只有6種果醬的試吃專區，有30％的客人消費，另一邊則只有3％的客人消費。

有多種選擇乍看之下是自由的象徵，但過多的選擇反而會造成迷惘和猶豫，令人無法做出決定。

【小數定律】

就算我們不是統計學專家，也明白一個道理，要獲得可信的統計資料，統計的樣本要夠多才行。這種思維稱為「大數定律」，是統計學當中最重要的定律。樣本數量太少，結果就容易有偏誤。

可是，有時候我們會**誤以為偏頗的結果是正確的**。這種心理現象稱為「小數定律」。

假設現在我們投擲銅板猜正反面，想當然，正反面出現的機率都是50％。不料，已經連續五次出現反面了。那好，你認為接下來會出現哪一面？

大部分的人會想，反面都出現五次了，接下來總該出現正面了吧？或者，你可能會以為那枚銅板比較容易出現反面。明明也才投擲五次銅板，我們卻會做出這種偏頗的判斷。但銅板的正反面出現機率，一律是50％。前一次的結果不會影響下一次的結果，偏偏我們就是會用少數的前例，來做出偏頗的判斷。

【展望理論】

展望理論是行為經濟學家丹尼爾・康納曼（Daniel Kahneman）以及阿默斯・特沃斯基（Amos Tversky）提出的，主要用來說明人類做出價值判斷的機制，而行為經濟學的諸多思維都是奠定在這個理論上。展望理論是由兩大思考方向構成，分別是「價值函數」和「可能性比重函數」。「價值函數」是一種用左圖來呈現的價值判斷傾向，圖表中心是充當基準的參考點，橫軸是判斷某樣事物的價值（金額），縱軸則是心理價值。

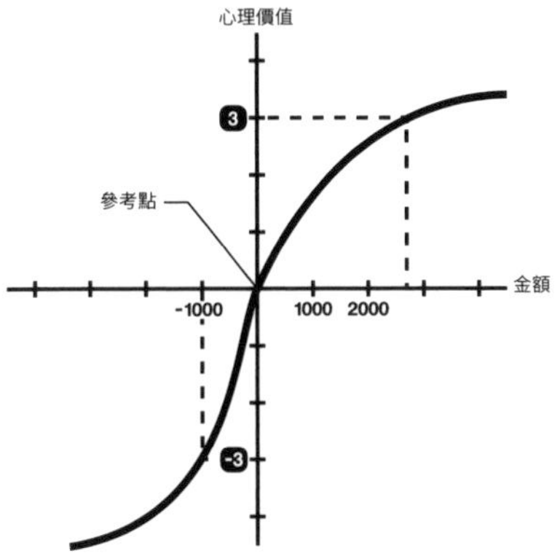

假設有一場賭博，勝率是二分之一，輸了要賠300元。要給你多少的獎金，你才願意參加這場賭博？請思考一下。決定好金額了嗎？獎金若低於600元，你應該不會想參加吧？

換句話說，我們在比較程度相同的得失時，對損失的重視程度大概是利益的兩倍。按照圖表所示，賭輸賠300元，在代表金額的橫軸上是負300，但在代表心理價值的縱軸上是負900元。金額要超過600元，才會產生正900元的心理價值。

至於「可能性比重函數」，是指某件事情發生的機率，會影響我們積極追求或迴避風險的決策。比方說，樂透頭獎的得獎機率是千萬分之一，明明機率奇低無比，我們卻認為自己有機會贏得幾乎不可能中的頭獎，而且願意積極追求風險。

反觀動手術這件事，就算醫生告訴你成功率高達九成，你也會擔心失敗的可能性。換句話說，病人會低估九成的成功機率。

照理說，三成的機率就是代表三成的機率，這是很客觀的數字。可是，一旦關係到利弊得失，我們就會受到主觀評價的影響，做出不合理的判斷。

礙於篇幅的關係，我們只能解釋一部分的展望理論，其實本書介紹的各種行為經濟學，都是奠定於這樣的概念上。

【可得性捷思】

假設你在看電視新聞，新聞正好播報一場重大的空難事故。由於空難是很嚴重的事故，各家新聞台照三餐報導，也在你腦海中留下深刻的印象。所以，就算你知道真正遇上空難的機率很低，在空難發生不久的那段時間，你就是會避免搭飛機出差或旅遊。

當我們判斷某件事情發生的可能性時，**會想起自己特別有印象的往事，並受到那個經驗的影響**。

容易浮現在腦海中的記憶，也就是可供利用的記憶，這些記憶帶來的直覺反應和印象，會扭曲我們對事實的判斷力。這在行為經濟中稱為「可得性捷思(availability heuristic)」。

※ 捷思的意思是「直覺性的判斷」。

【推力理論】

現在網路上有很多新知，都源自於行為經濟學的理論。如何吸引別人的注意力，誘導他們做出特定的抉擇，這種知識在商場上非常有用。

本書介紹的行為經濟學原理，主要是解說人類在社會上進行價值判斷時，有哪些不合理的地方。

而漫畫行為經濟學，是用有趣的方式把這種不合理的謬誤畫出來。如果各位看完後可以減少一些判斷上的謬誤，日子或許會過得更輕鬆吧。

行為經濟學家理察．塞勒（Richard H. Thaler）認為，**當我們在日常生活中差點做出不合理的行為時，行為經濟學的知識應該發揮推力（nudge：本意為用手肘輕點對方，提醒對方留意）的作用**。

未來行為經濟學將有更深入的研究，這些知識不只對商業行為有幫助，也可以用來解決人性造成的隱性問題。好比消除壓力和不公不義的事情，矯正非理性決策帶來的損失，對社會做出良好的貢獻。

參考文獻

艾菲・柯恩（Alfie Kohn）《超越獎勵主義》（*Punished by Rewards*）（日文版：田中英史 譯；法政大學出版局）

丹尼爾・康納曼《快思慢想》（日文版：村井章子 譯；早川書房／紀實文庫）

Gneezy,U . and A. Rustichini. 2000.” A Fine is a Price”, *The Journal of Legal Studies* 29（1）*：1-17.*

丹・艾瑞利《誰說人是理性的！》（日文版：熊谷淳子 譯；早川書房／紀實文庫）

霍華德・丹福（Haward S. Danford）《行為經濟學概論》（秀和系統）

友野典男《行為經濟學～「感情」乃經濟的原動力》（光文社／光文社新書）

利瑪竇・墨特里尼（Motterlini Matteo）《感情策動一切》（*Trappole Mentali*）（日文版：泉典子 譯；紀伊國屋書店）

利瑪竇・墨特里尼《情感經濟學》（日文版：泉典子 譯；紀伊國屋書店）

R Kivetz, O Urminsky, Y Zheng, 2006. “The Goal-Gradient Hypothesis Resurrested : Purchase Acceleration, Illusionary Goal Progress, and Customer Retention” *-Journal of Mraketing Research*

Asch, S.E. 1955. “Opinions and Social Pressure” *-Scientific American* 193(5),31-5

伊索《伊索寓言》（日文版：中務哲郎 譯；岩波書店）

利昂・費斯廷格（Leon Festinger）《認知失調理論・社會心理學概論》（*A Theory of Cognitive Dissonance*）（日文版：末永俊郎 譯；誠信書房）

小坂井敏晶《社會心理學講義〈封閉的社會〉和〈開放的社會〉》（筑摩書房／筑摩選書）

菊池寬《菊池寬・短篇三十三和半自傳》（文藝春秋）

中原中也《日常之歌・中原中也詩集》（角川書店／角川文庫古典）

森迪爾・穆蘭納珊＆埃爾達・夏菲爾《匱乏經濟學》（大田直子 譯；早川書房／早川紀實文庫）

希娜・艾恩嘉《誰說選擇是理性的》（日文版：櫻井祐子 譯；文藝春秋／文春文庫）

理察・塞勒《贏家的詛咒》（日文版：篠原勝 譯；鑽石社）

理察・塞勒＆凱斯・桑斯坦《推出你的影響力》（日文版：遠藤真美 譯；日經 BP 社）

照片 植田惠（P.26）、中島慶子（P.20、P.38）

P.50 的益智問答解答

答案是「可能」的，因為教授是女性。解不出這道問題的人，大概一看到教授這個「頭銜」，就誤以為教授一定是男性吧？這就是代表性捷思影響我們的判斷，讓我們有先入為主的觀念。

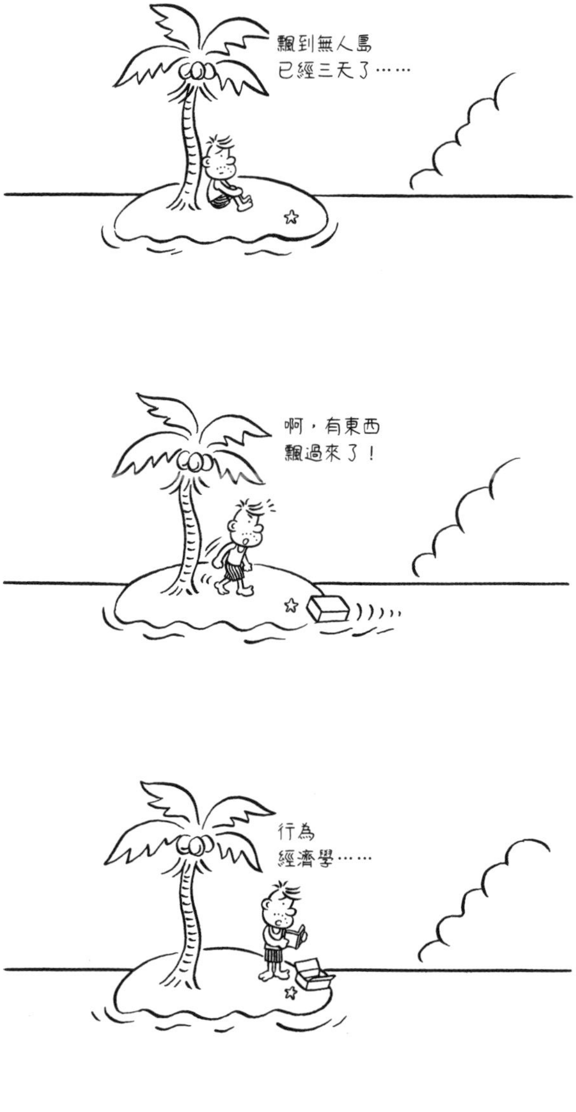
飄到無人島
已經三天了……
啊，有東西
飄過來了！
行為
經濟學……

後記

《海螺小姐》帶給我的啟發

佐藤雅彥

慶應義塾大學的湘南藤澤校區簡稱ＳＦＣ，過去那裡有一間內行人才知道的研究室。

名稱就叫「佐藤雅彥研究室」。ＮＨＫ的教育節目《畢達哥拉斯的知識開關》，有幾個特別受歡迎的單元，好比「畢達哥拉斯裝置」或「演算體操」，這些單元就是該研究室企劃製作的。也多虧那個節目，佐藤雅彥研究室才多了一點名氣。其實在二十年前，佐藤雅彥研究室就專門做一些莫名其妙的研究，在校內享譽盛名。其中有一位研究生，致力於推動那些莫名其妙的研究計畫，努力宣揚認知科學的論述。這位研究生才高八斗，性格卻古怪難搞，他的名字叫作菅俊一。

◆◆◆

「是新來的員工嗎?」

「不，他已經進來兩年了。」

大約在三十年前，我在某家廣告代理公司認識了一個人。資深的設計師向我介紹那個人的時候，我還以為他是新進的菜鳥，沒想到他已經在公司服務兩年了。那個人愣愣地站在我面前，我主動跟他攀談，他也愛理不理。不過，他提出的企劃非常特別，不僅具有獨特的搞笑品味，還帶有一點離經叛道的氣息。他會替自己的企劃製作插圖，雖然推出了不少失敗的企劃，但成功的企劃都獲得很棒的回響。他就是日本恩益禧公司（ＮＥＣ）吉祥物「集市小猴」的助理美術監製高橋秀明。後來他自立門戶，二十多年來跟我們一起設計「集市小猴」。最近「集市小猴」比較少亮相，但仍然有很高的人氣，日本恩益禧公司每年會印製十幾萬份「集市小猴」的掛壁月曆，桌上型月曆的發行量更高達三十萬份。二十多年來，這份傲人的成績一直是我們內心的驕傲。高橋秀明富賦予「集市小猴」那種知性、討喜的幽默感，近年來他的搞笑品味和畫技不斷精進，我總是看著他畫的草圖，一方面讚賞他的才能，一方面也想跟他一起做本書。

◆◆◆

「菅，當初我們一起做《差分》（美術出版社・二〇〇九年）雖然辛苦，但每天都過得很充實啊。」

「是啊，大家也說那一本書很有趣。」

「不知道有沒有其他趣味的題材，可以像那本書一樣，帶給我們緊張和刺激感？」

「來找看看吧！」

這一場對話發生在三年半前，也就是二〇一四年的四月。菅俊一原本在玩具製造商任職，之後轉任多摩美術大學的講師。

我們在組成本書的製作團隊之前，一起討論有沒有什麼好玩的題材。事實上，菅俊一在初期就提出行為經濟學的話題了。

「老師（我在大學教過他五年，他現在還是稱呼我老師），假設你在肚子餓的時候，看到兩家外觀相近的餐廳，你事先也不曉得這兩家餐廳的評價。其中一家門口擺了幾張椅子，另一家則沒有，請問你會去哪一家吃飯？」

既有的經濟學論述，跟一般人的日常行為有不小的落差，我們對這種落差其實也抱持著一種放棄研究的態度了。然而行為經濟學不一樣，我們愈深入了解其論述，就愈能感受到當中的魅力。之後整整一年半的時間，我們每半個月會碰一次面，研究行為經濟學的案例和原理。

行為經濟學就是這一本《漫畫行為經濟學　不理性錯了嗎？》的骨幹，菅俊一找出了這個趣味的題材，實在功不可沒。他平常很認真考究社會的運作原理，那獨到的眼光和考察能力，令我既佩服又期待。

可是，我們花了很長的時間才決定著書。單純研究行為經濟學固然有趣，但一想到自己該肩負的使命，我們很想用一種全新的表現手法，來介紹行為經濟學。

「菅，不然辦一個展覽會你看如何？我們可以用展示作品呈現行為經濟學的論述，好比時近效應、預設效應等等。」

「聽起來不錯呢。」

「然後，參觀者入場的時候，發給他們一些塑膠代幣之類的東西。想要體驗作品，就得實際使用那些代幣。」

「感覺很有趣耶。」

「可是，辦展覽會有參觀人數的限制，辦完也不會留下痕跡啊。」

「找大場地舉辦，也要花不少製作費用呢。」

「是啊……」

有時候，我們還會談論這樣的話題。

「不然演一齣戲你看怎麼樣？」

「用戲劇的方式，可以呈現很多行為經濟學的小故事。問題是，觀眾願意特地來看這種表演嗎？」

「也對，還要找表演場地、挑選演員，好麻煩喔……」

偶爾還有這樣的對話。

「還是用即興表演的方式，拍一部行為經濟學的電影？」

也有這樣的對話。

「乾脆拍一部電視劇怎樣？」

我們很確定要用行為經濟學來當主題，但一直在思考呈現的方式。好在我們接下來的腦力激盪，讓消失的可能性再次死灰復燃。前年的時候（二〇一五年夏天），其實我們多少有些灰心了，我也跟平常一樣聊些不切實際的點子。

「行為經濟學的研究內容，多半是普通人的日常行為，好比購物或吃飯之類的。我們乾脆做一本行為經濟學的故事腳本，推薦給《海螺小姐》的動畫製作小組，請他們用行為經濟學來做動畫，你看如何？」

「你是說《海螺小姐》的動畫!?這個嘛……也是啦，《海螺小姐》有很多故事情節，可以直接代入行為經濟學。」

「比方說海螺小姐的弟弟妹妹買玩具，或是海螺小姐去買菜等等，這些情節寫起來不會太突兀，製作小組也有新的點子可用啊。」

我們的點子完全沒考慮到製作組的心情，偏偏我們完全沒發現自己有多白目，而且是真的打算跟《海螺小姐》的製作組聯絡。然而，我們根本沒有門路，就算有機會向對方毛遂自薦，也不見得會被採用……

終於，我們二人的腦子裡總算長了一點常識，也不好再多說什麼。不過，我們實在無法放棄，兩人又絮絮叨叨聊了起來。

「《海螺小姐》是星期天傍晚六點半播出的國民動畫，我們可以寫劇中人物受到誘餌效應的影響，買了不需要的商品。觀眾看了應該會很有感觸，以後買東西也會三思而後行吧。」

「還有啊，劇中人物在餐廳吃飯時，要是做出極端趨避的抉擇，觀眾看了就會明白自己平日的決策機制吧？」

「讓海螺小姐的弟弟妹妹，利用敏感度遞減的原理，從爸爸身上多拐一些零用錢，這也蠻有趣的喔。」

「海螺小姐的媽媽受到心理帳戶的影響，而忽略實際的價值，這種情節觀眾看了也會很有感觸吧……」

紙上談兵的點子是愈講愈多了。

「唉，要是我們有機會向《海螺小姐》的製作組毛遂自薦就好了。」

我們不收腳本費，製作人員的名單沒有我們也沒關係，拜託用《海螺小姐》來演出行為經濟學吧。我們對《海螺小姐》一往情深，可惜缺乏門路，內心無比失落。

「欸，先等一下。」

霎時間，我的腦海中閃現一道靈光。

我們自己來畫《海螺小姐》不就得了！

沒錯，就畫一部充滿日常生活情節的漫畫，好比購物、約會、社團活動、用餐等等，這些情節可以融入行為經濟學的論述啊。《海螺小姐》是平民百姓的象徵，但平民百姓的生活不見得只能用《海螺小姐》來呈現，用《阿松》也可以。為什麼我們都沒想到自己做漫畫呢？理由很簡單，我和菅俊一沒有做漫畫的經驗和能力。

可是，我們已經鐵了心要做自己的《海螺小姐》，因此開始尋找有哪些漫畫家，能夠把我們的想法畫出來。想當然，我們也沒有熟識的漫畫家，照理說這是很困擾的狀況，但我很冷靜地告訴菅俊一。

「我是有一個人選，他是第一次畫漫畫，但這個企劃非他莫屬，全世界找不到比他更適合的人才。」

菅俊一沒見過那個人，但聽我堅定的口吻，他似乎也能想像那個人畫出來的成品了。

「喂，高橋先生嗎？我是佐藤雅彥啦，好久沒聯絡了。其實這次打電話給你，主要是想拜託你一件事情……」

「啊，佐藤先生，好久不見。你找我有什麼事啊？」

「那個，我想請你畫一部漫畫。接下來我會找雜誌社毛遂自薦，可否請你幫忙試畫一部漫畫？如果雜誌社肯用，應該會談到為期一年的連載吧。」

「佐藤先生，你先聽我說。呃，我沒有畫過漫畫喔？真的沒關係嗎？」

「還請你務必幫忙啊！只是，我還沒有實際找雜誌社詳談，計畫很有可能胎死腹中，你不介意吧？」

「請給我這個機會。」

「好，那我們一起加油。」

◆◆◆

這就是我們三個漫畫素人，聚在一起做漫畫的經過。結果也如各位所見，你們現在手上拿的這一本《漫畫行為經濟學　不理性錯了嗎？》，就是我們合作的成果。

這部漫畫花了兩年的時間製作，期間我們全心投入這份工作。

多虧有編輯部的矢作雄介先生，帶領我們這些毫無漫畫製作經驗的素人，我想他的壓力一定不小。連載刊登前的那半年，我們每週召開「漫畫行為經濟學會議」，矢作先生的執行步調從容又穩健，一年多的連載總算順利結束。

事實上，矢作先生也是頭一次編輯漫畫，四個全無經驗的菜鳥，同甘共苦了兩年的時光。《BRUTUS》的知名總編西田善太先生對我們的企劃讚譽有加，當初他一看完我們的簡報，就決定下個月開始刊登連載漫畫。

「下、下個月就要刊登？這太困難了，請先給我們一年時間吧。為避免連載開天窗，至少要先做出半年的備稿。」

「不，我等不了一年，明年四月就開始吧。」

最後，連載開始時我們只有四個月的備稿，心中真是揣揣不安。好在有西田先生和矢作先生傾力相助，企劃才能順利進行。我衷心感謝他們二人，畢竟是他們同意連載企劃，而且帶領我們這三個素人努力到最後。最重要的是，他們是真心賞識《漫畫行為經濟學　不理性錯了嗎？》的點子，我非常感謝他們。矢作先生，這一年來的連載想必給你添了不少麻煩，但有幸跟你一起合作，我們真的很開心，謝謝你。

另外，這一部連載漫畫有機會出版成冊，要歸功於另一位了不起的夥伴，她就是瀨谷由美子小姐。瀨谷小姐是MAGAZINE HOUSE的總編輯鐵尾周一先生介紹給我們的，鐵尾總編說，瀨谷小姐是全編輯部最賣力的編輯。事實證明鐵尾總編所言不假，每週我們召開出版會議的時候，瀨谷小姐總是以恰到好處的方式引領我們，她說話的語氣溫柔，內容簡單扼要，讓我們感受到她真的有心要做好這本書。在這樣的時代，竟然還有對書籍如此充滿熱忱的編輯。一起合作出版的這一年半的時間，我始終很感謝瀨谷小姐。瀨谷小姐，非常感謝妳的關照，現在週末再也沒機會跟妳一起開會，我們都很寂寞。幸好有妳和鐵尾總編，幫我們這幾個素人完成有勇無謀的夢想，我真的很感謝妳。

◆◆◆

如果當初，我們真的找上《海螺小姐》的動畫製作小組，結果又會如何呢？這一部漫畫誕生的過程就是如此曲折離奇，現在回想起來還是令人莞爾。我是一九五四年出生的，高橋秀明是一九六四年生，菅俊一則是一九八〇年生，三個不同世代的人，是這樣因為這部作品相聚的。

所以，我想把《漫畫行為經濟學　不理性錯了嗎？》誕生的過程，寫成本書的後記。透過這一篇後記，我真正想表達的是，我們在探索研究主題的過程中，如何找到最恰當的呈現手法，以及如何找到志同道合的夥伴。「創造做法」是我多年來標榜的理念，這才是我想告訴各位的道理。未來各位也會在不同的領域一展長才，希望我們的故事能帶給你們一點啟發，這也是我身為作者最值得高興的事情。

改天有緣再見吧。

「漫畫行為經濟學」的企劃在此劃下句點。

二〇一七年十月　僅代表三位作者

佐藤雅彥

佐藤雅彥

1954 年生於靜岡縣，東京大學教育學部畢業，曾任慶應義塾大學教授，現為東京藝術大學研究所映像研究科教授。主要著作有《認清經濟本質會議》（與竹中平藏共著，日本經濟新聞社）、《差分》（美術出版社）、《思維整頓》（生活手帖社）、《全新領悟》（中央公論新社）等等。另外，還積極嘗試跨領域的新奇活動，例如在慶應義塾大學召開佐藤雅彥研究室，參與 NHK 教育節目《畢達哥拉斯的知識開關》、《思考的烏鴉》等節目企劃，還有參與電玩遊戲《I.Q.》製作（索尼電腦娛樂出品）。2011 年獲頒藝術選獎，2013 年獲頒紫綬褒章，2014 年受邀坎城國際影展播放短篇作品。

菅俊一

1980 年生於東京，慶應義塾大學政策・媒體研究科畢業。多摩美術大學美術學部綜合設計學科專任講師，著作有《差分》（美術出版社）、《眼神》（Voyager）、《觀察的練習》（numabooks）。主要研究如何利用人類的認知能力，開發全新的演出方法，並對社會做出貢獻，例如參與 NHK 教育節目《2355 ／ 0655》的 ID 影像製作，協助 21_21 美術館「單位展」進行概念研討，擔任「運動員展覽」的展示監製等等。

http://syunichisuge.com

高橋秀明

1964 年生於石川縣，美術總監、創意總監。金澤美術工藝大學商業設計學科畢業，曾於電通任職，負責眾多商業廣告，諸如優衣褲「時尚毛衣」、電影《大日本人》、明治食品「牛奶巧克力」「XYLISH」、本田汽車「房車愛」、麒麟冰啤「新口感」等等。曾獲頒 ACC 大獎、朝日廣告獎、每日廣告設計獎、日經廣告獎、NYADC 獎、Spikes Asia 大獎。

※ 本書是以連載於《BRUTUS》雜誌的專欄「漫畫行為經濟學」（《BRUTUS》821 號～843 號，2016/4/15 ～ 2017/4/1）為基礎，經過大幅增修後完成。

國家圖書館出版品預行編目 (CIP) 資料

漫畫行為經濟學　不理性錯了嗎？ / 佐藤雅彥 , 菅俊一著 ; 高橋秀明繪 ; 葉廷昭譯 . -- 初版 . -- 臺北市 : 大塊文化出版股份有限公司 , 2022.03
160 面；17×23 公分 . -- （smile ; 179）
譯自 : ヘンテコノミクス : 行動経済学まんが
ISBN 978-626-7118-04-7(平裝)

1. 經濟學　2. 行為心理學

550.14　111001116